바우머리에서 온 소년
「예비역 해군 대령의 한국 현대사」
A boy from Baumeri Village

강병희

표지 그림의 제목 : Flowing-1504(언어)

  이 그림은 '얼개 작가'로 알려진 서양화가 전지연 작가의 작품이다. 오일 블루와 오렌지색 배경 속에 보이는 삶의 흔적을 시간의 개념으로 은유한 얼개의 모습이다. 이 얼개는 『바우머리에서 온 소년』이 살아온 삶의 흔적 같은 공감을 준다. 성경에 "네 행위대로", "그가 행한 대로", "네가 심은 대로" 등의 표현이 자주 나온다. 이는 우리가 삶을 살아온 모든 흔적이 나이테처럼 하나님 앞에 기록된다는 뜻이다. 우리는 영혼의 나이테에 어떤 흔적을 남겼을까?

바우머리에서 온 소년
「예비역 해군 대령의 한국 현대사」
A boy from Baumeri Village

1판 1쇄 발행 | 2023년 9월 23일
지은이 강병희 | 펴낸이 박우현 | 펴낸곳 봄날의 느낌
편집 박수월 | 디자인 박재은, 유광수
마케팅 김경옥, 김태준, 남궁 준 | 등록 제307-2011-58호
주소 서울시 마포구 잔다리로 120 303호 (서교동, 성동빌딩)
전화 02-747-1577 | 팩스 02-747-1599
메일 logici777@hanmail.net
ISBN 978-89-967397-7-7 03810

ⓒ 강병희, 2023. Printed in Seoul, Korea

- 이 책의 판권은 지은이와 로직인에 있습니다. 책의 글이나 그림의 전부 또는 일부를 이용하려면 로직인의 동의를 받아야 합니다.
- 잘못 인쇄된 책은 서점에서 바꾸어 드립니다.
- 봄날의 느낌은 로직인의 문학 브랜드입니다.

바우머리에서 온 소년
「예비역 해군 대령의 한국 현대사」
A boy from Baumeri Village

강병희

추천사

커다란 울림

　처음에는 구순을 훌쩍 넘기신 분이 자서전을 쓴다고 해서 큰 기대를 하지 않았다. 그러나 원고를 읽어가면서 대한민국의 현대사에서 가장 암울하고 힘든, 심지어는 생사를 넘나들어야 하는 시기를 보내면서 겪은 과정을 꾸밈없이 진솔하게 쓴 글은 나의 가슴속 깊은 곳에 커다란 울림을 주었다.

　일제 강점기를 보내고, 해방 후 북한에서 월남하여 해군사관학교에 입교하기까지의 이루 말할 수 없었던 고난, 6·25 전쟁 중 사관생도 신분으로 실습함을 타고 우리 해군 최초의 대공전 상황을 접하고 미그기를 격추시켰던 신미도 해전의 주역(당시 본인의 부친도 저자와 해사 동기생으로 같은 실습함을 타고 신미도 해전에서 미그기를 격추시키고 그 과정에서 큰 부상을 입으셨다), 임관 후 초창기 해군 발전을 위해 헌신하면서 말 그대로 무에서 유를 창조하였던 일화들은 독자들에게 큰 감동을 줄 것이다.

　　　　　　　　　　　　　　　　　　　　　이기식 – 병무청장

모든 아버지가 보여준 희생과 헌신

　바우머리 소년의 발자취를 따라가며 우리는 세상의 모든 아버지가 보여준 희생과 헌신에 감사할 수 있습니다. 그의 이야기는 우리에게 절대 잊지 못할 소중한 선물이 되었습니다. 이 책은 우리에게서 커다란 감동을 선사하며, 우리의 마음에 존재하는 소중한 가치를 일깨워줍니다.

　　　　　　　　　　　　　　　　　　　　이기정 – 한양 대학교 총장

인생 역정이 참 감동적이다

　유당마을 안의 빛과 소금 교회에서 구순이 넘으신 노구에도 불구하고 새벽 네 시면 어김없이 좌정하고 새벽 제단을 쌓는 장로님의 모습에 사도 바울의 말씀이 떠 오른다. "나는 선한 싸움을 싸우고 믿음을 지켰으니 이제 후로는 나를 위하여 의의 면류관이 예비되었으므로 주 곧 의로우신 재판장이 그날에 내게 주실 것이며. (딤후 4 : 6-8)"

　격동의 세월 공산당이 싫어서 혈혈단신 남으로 내려와 하나님의 인도하심으로 국립 철도 학교와 해군사관학교를 거쳐 해군 대령으로 예편하고, 미국 이민의 길을 택하여 성공적으로 아이들의 학업 성취를 이룬 인생 역정이 참 감동적이다.

장양희 – 예비역 육군 중장 온누리 교회 사역 장로

존경할 만한 인생

　장로님이 바로 우리들의 영웅이다. 이 글을 읽으면 누가 90세가 넘은 분이 쓴 글이라고 할 수 있을까? 군더더기 없이 일사천리로 자신의 이야기를 재미있게 이끌어간다. 한번 시작하면 끝까지 다 읽을 수밖에 없는 이야기이다. 소신을 가지고 진리 앞에서는 당당할 줄 알고 끊임없는 도전과 창의력을 발휘하면서 어려움을 기회로 만들어낸 정말 대단한 분이다. 항상 기도하며 하나님의 은혜를 잊지 않았기에 하나님께서 함께하신 줄 믿는다. 장로님의 인생을 존경한다.

김영식 – 믿음의 동지

누구나 돌아보고 싶은 추억이 있다

길이 험할수록, 강물이 깊을수록 반드시 뒤돌아보고 싶은 마음이 든다. 더욱이 6·25를 전후한 세대라면 굽이쳐 흐르는 강물을 거슬러 올라 어릴 때 살던 마을의 자신이 더 그리울 것이다. 저자인 강병희 장로님은 북에서부터 한반도의 중심을 따라 내려왔다. 사랑했던 가족의 손을 놓으며 떠나온 피난길이 인생을 바꾸었다. 배고픔을 이기기 위해 해군이 되었는데 그 해군을 위해 나라 사랑의 참모습을 보이며 젊은 시절 목숨을 바쳤던 추억들이 잘 기록되어 있다. 장로님은 이렇게 한 올 한 올 옷을 꿰매듯 인생길을 써 내려갔다. 이 저서에는 장로님의 인생만 있는 것이 아니다. 세월이 있고 대한민국의 역사가 있고 웃음이 있고 그리움이 있다.

조동욱 / 온누리교회 부목사, 사단법인 위드림 이사 (저서: 삶의 수리점)

살아 있는 기억 지울 수 없는 글

아흔 다섯 할아버지가 살아 있는 기억을 지울 수 없는 글로 남기셔서, 손자 손녀들과 함께 기억할 수 있는 것에 감사합니다. 힘든 고난 속에서도 긍정적으로 즐거움과 큰 축복을 찾고 하나님의 은총에 감사하는 할아버지의 삶에 저 또한 마음이 따뜻해집니다. 이 글을 통하여 나의 능력이 아니라 하나님의 인도하심으로 살아가야 한다는 마음을 다시 한번 깨닫습니다. 아찔한 사건들 속에서도 하나님의 도우심으로 견뎌내신 할아버지의 추억들을 함께 공감하며 마음속에 늘 담고 살겠습니다.

장현 – 손자

신앙과 함께 걸어온 파란만장한 인생길

강 장로님을 뵌 것은 수년 전, 나의 부친이 계신 수원 소재 시니어 빌리지 '유당마을'이다. 장로님께서는 빌리지 내 「빛과 소금 교회」에서 항상 웃음 띤 얼굴로 열심히 봉사했고, 고령이심에도 최신 태블릿 PC를 들고 다니며 지인들의 사진을 찍어 주는 모습이 매우 인상적이었다. 작년부터는 충북 충주의 「엔젤 실버텔」에서 거주하고 계시는데, 며칠 전 카톡으로 당신께서 자서전 초안을 보내주어서 반가운 마음으로 단숨에 읽어 내려갔다.

올해 94세 고령임에도 불구하고 강인한 정신력으로 이렇게 훌륭한 자서전을 집필한 것에 대해 진심으로 경의를 표한다. 아울러 자서전에서 여러 차례 반복해서 밝힌 것처럼 어린 시절부터 지금까지 삶의 고비마다 닥친 많은 어려움과 위험을 극복해가면서 매우 성공적인 인생길을 걸어오도록 한 내면의 힘은 성경 구절로 대변되는 당신의 철저한 신앙심이 아닌가 한다.

백승엽 – 전 충청남도 경찰청장, 현 가천대학교 법과대학 교수

과거의 모든 순간들은 시, 고백, 그리움이다

누군가의 삶을 마주하는 것은 장편의 책을 읽는 것과 같다. 저자에게 우선 무언의 경이와 존경을 품게 된다. 강병희 장로님은 해방과 6·25 전쟁과 베트남 파병을 거쳐 21세기를 살고 있으니 누구보다 많은 희로애락의 무게를 견뎠을 것이라 생각한다. 매장마다 "이제껏 살아온 것은 모두 하나님의 은혜"라고 고백한 그분의 담백함과 감사함은 절대자에 순응하는 모습을 고스란히 느낄 수 있다. 가족들을 떠나 남쪽으로 향하며 느꼈을 두려움과 외로움, 망망대해를 바라보면서 기억하는 깊은 회

한과 미래에 대한 희망, 미국에 정착하기 위해 태평양을 건너며 느꼈을 가장으로서의 무게감과 그리움…. 그러나 과거의 모든 순간들이 지금은 시가 되고 고백이 되고 그리움이 되었으리라. 나는 장로님의 눈빛에서 예수님의 겸손함을 느낀다. 그리고 바란다. 우리도 늘 기도하는 모습으로 살아가기를….

전지연 – 서양화가

제목이 주는 의미 심장함

『바우머리에서 온 소년』, 제목이 던져 주는 의미 심장함을 느끼면서 책의 첫 장을 펼쳤다. "나는 강병희입니다."로 시작하는 문장은 당당함과 확신에 찬 누군가의 서사(敍事)의 시작을 알리는 외침이다. 이 책은 한 사람의 자서전이라기보다는 우리의 현대사를 특정 사건의 전개 없이 한 개인의 인생사를 통해서 엮어간 작은 역사책이라고 해도 지나치지 않다.

어떤 유명 인사의 자서전처럼 화려하지도 않고 부풀림도 없다. 너무도 자연스러운 현대사의 흐름과 군인으로서, 한 집안의 가장으로서 걸어온 길에 대한 잔잔한 울림과 감동의 여울이 있을 뿐이다. 아무리 세상이 급변하고 AI가 많은 것을 대신할 수는 있어도 우리의 인생을 대신 살아줄 수는 없다.

역사를 잊은 민족에게는 미래는 없다(A nation that forgets its past has no future)고 했다. 여기 작은 역사가 살아 꿈틀거리고 있다. 한 가정사를 씨줄과 날줄로 엮어온 아버지의 생생한 역사를 우리 모두가 함께했으면 한다.

이광연 – 시인, 작가

94세 고령에 옛날을 회고하신 수고에 하나님께 감사드린다

저자는 여러 인연들과 숙명처럼 엮였던 정신적 교감과 가치와 시간을 해군 후배, 가족, 후손들과 공유하고 싶어서 썼다고 한다. 저자는 후손들과 함께 고향 평북 정주골에 서고 싶어 하시는 실향민이다. 제복을 가장 자랑스러이 여기고 조국의 부름에 응하였으며 장기간 군인이었기에 아이들에게 명령 체계를 주장하여 한없이 미안해하는 여리고도 사랑 많은 아버지, 가족을 보석보다 귀히 여기고 지극한 사랑을 표현한 지아비로서의 애정도 잔잔히 글 속에 녹아 있다.

우리도 이 글의 주인공이 되어보고 자식들도 되어보며 작가의 고귀함에 동참해보자. 바라기는, 이 책이 아들이 소장하고 있는 어머니의 서재에 꽂혀 후손들의 손때가 묻혀지기를 바란다.

한경희 – 조카

『바우머리에서 온 소년』 발간 축사

안녕하십니까? 충주시장 조길형입니다. 강병희 님의 지난 인생 이야기를 한 자 한 자 써 내려간 자서전 발간을 진심으로 축하드립니다. 지난 한 세기 가까운 우리 역사와 함께 지내온 강병희 님의 귀한 삶의 이야기를 이렇게 글로 표현하여 나눠주신 노고에 깊은 격려와 감사의 인사를 전합니다.

책 속에 녹아 있는 긴 삶의 여정이 지금의 우리들에게 다시 한번 역사를 돌이켜볼 수 있는 시간을 줄 것이며 삶의 귀감이 될 것이라 생각합니다. 앞으로도 이 책이 길잡이가 되어 우리 고장에서 귀한 뜻을 오래도록 펼치시길 기원합니다.

조길형 – 충주시장

심금을 울리는 주옥같은 내용들

 이 자서전은 해군에 근무했던 개인 강병희 대령의 이야기가 아니고 우리 대한민국의 현대사를 읽고 있는 느낌이었다. 특히 일제 강점기로부터의 해방과 미군정기를 통한 우리나라 해군의 태동에 대해서도 개인의 경험을 통하여 좀 더 진지하게 배우고 당시의 상황들을 느낄 수 있는 감동의 시간이었다.

 해군사관학교 초창기(4기) 출신으로서 사관학교의 시작과 6·25 전쟁을 통한 활약상은 그동안 들어왔던 이야기보다 훨씬 현실감 있고 실존적인 내용이었으며 2차례의 무공훈장 수여가 그 공로를 실증하고 있다. 한국전 이후 미 해군에서의 교육과 이를 통한 해군의 전술, 정비 능력의 발전 과정도 이해할 수 있는 역사적 자료로 평가하고 싶다. 베트남 전에도 해군 출신 작전 참모가 있었다는 이야기는 경이로웠으며 해방, 6·25 전쟁, 베트남 전쟁에 이르기까지 우리나라 현대사의 기초를 이룬 역사적인 내용도 강병희 대령님 개인의 경험과 설명으로 새롭게 조명되는 사실이다.

 우리나라의 격동기에 해군의 역할과 활약상을 좀 더 자세하고 진솔하게 후배들에게 전파함으로써 군인의 역사의식과 소명감을 일깨어줄 수 있는 간행물로 확대 재생산될 수 있다면 얼마나 좋을까 생각해보았다.

김언현 – 전 건국대학교 글로컬 캠퍼스 총장 / 농학박사

할아버지의 끊임없는 노력과 열정

Respected Grandfather, the book in which you have eloquently captured your life's story flows gracefully, leaving a profound impact. The 6th story in Chapter 5 holds a special place in my heart, as it brings back cherished memories. During my infancy and kindergarten years, I witnessed you repairing cameras just as vividly described in the book. Recording these precious experiences in a book to share with future generations is a significant endeavor. Moreover, despite facing various challenges, your unwavering courage and faith will undoubtedly inspire and touch the hearts of all who read this book. Your dedication, passion, and experiences in overcoming obstacles, including the historical context, inspire me greatly. I hope this book will also inspire and encourage many others. Congratulations on the publication!

Grace Chang – grand daughter

My Memories with 할아버지

As I grew older, I remember he was always present and showed his support for some of my biggest moments in life – my school graduations, my Eagle Scout project and many baseball & soccer games. He would capture everything on his camcorder (fancy new technology back then!) and we'd watch these videos later when we spent time together too.

Speaking of technology, I was impressed by how much he kept up with the latest trends at his age. He would show me all the pictures & videos that he digitally uploaded onto his computer. I also recall that he would teach classes at the local library to other senior citizens on how to use the internet!

Now that he resides in Korea, everyone tries to visit him as often as possible, and I look forward to trying to see him every summer. He is revered and loved by his family, has built an amazing legacy, and we're all proud to call him a role model.

Danny - grand son

Fun time

When I recall my childhood summers, I immediately think about summers at Grandma and Grandpa's house. I lived in Tokyo growing up, so every summer, my mom and I would visit the U.S. and stay with Grandma and Grandpa in their New City house — it was always such a fun time! Not only did I finally get to watch American TV, but also I got to spend lots of time with my "fun" grandparents. We'd go shopping at Bradlees, examine the vegetables in the garden, explore the neighborhood, etc. I'll especially never forget how Grandpa would go to Costco to ensure I had Honey Nut Cheerios waiting for me because it was my favorite cereal — I felt like the luckiest girl alive! Of course, some of the details of my memories are fuzzy, but one thing's for certain – Grandpa's warmth, care, and love made me feel very safe and happy growing up. And he still has that same twinkle in his eye decades later!

Katie Kim – grand daughter

My thought

I always thought of my uncle as a great man. One very steeped in his convictions to provide for his family and country. He is an honorable man. And this recollection/memoir shows that. He and his family took care of me for 2 years in Korea when I was young. And those were very formidable times in my life, and I am forever grateful for their influence in my life. I remember visiting their home in NY later on during summers, and my uncle's basement workshop was a fascinating place for me—all the tools, all the machinery, all the work that he was doing. And he would just work in that shop, day in and day out, repairing all those cameras—many days working into the night. He did it for 20 years! Looking back that showed his commitment to his work specifically, and life in general.

I am fascinated by the telling of his story. He is still so sharp in remembering all these details of his life's path. I don't think it's that twisted or crooked. It was a straight path covered with lots of love, commitment, humility, and faith in God.

Anthony / Kim Chol Woo – nephew

Learning – Life is Beautiful from 'his'tory

My family and I recently visited Grandpa in Chungju. I hadn't seen him in several years, so it was wonderful getting to spend time with him, in addition to my aunt and uncle, whom I also hadn't seen in years. It was a beautiful day – we attended church service, paid our respects to Grandma, and ate a delicious Korean meal. Throughout the day, I was in awe of Grandpa's strength, both physically and mentally. I had just read a part of his memoir on the bus ride to Chungju and learned so much more about his story – I couldn't imagine the strength and resilience he'd had to have throughout his life to get to this point. At 94 years old, he was wearing a suit and had a quiet strength about him.

Danielle Kim – grand daughter

머리말

어느 날 여행 중 아들이 내게 물었다.

"아버지께서 살아온 이야기를 글로 남겨보면 어떨까요?"

아내를 먼저 하늘나라로 보낸 후 시작된 아들과의 여행은 우리 부자에게 많은 추억을 만들어주었다. 평생 나누었던 대화보다 많은 얘기를 나누며 우리 둘은 전국을 누비며 여행을 했다. 그러던 중 나에게 자서전을 써보라는 아들의 권유는 진지하고 간절했다.

나는 아들의 권유를 받아들였다. 나의 흔적을 책으로 만든다는 것이 부담스러웠지만, 복잡한 생각은 버리기로 했다. 그렇게 생각하니 나의 인생 기행문을 쓰는 것이 그다지 어렵고 큰일이 아니라는 용기가 생겼다. 삶을 있던 그대로 기행문처럼 쓰는 작업이 시작되었다. 아들이 도와준다고 하니 천군만마를 얻은 것 같았다.

나와 미국에 있는 아들은 먼 거리임에도, 열애중인 연인처럼 매일 문자와 전화로 소통하며 글을 썼다. 참으로 흥분되고 아름다운 시간들이었다. 그리하여 『바우머리에서 온 소년』이란 작은 책 속에 조금은 특별한 나의 인생길을 담게 되었다. 다소 미흡한 흔적들은 미완성인 내 모습의 일부라고 좋게 보아주기를 바란다.

책의 앞 부분은 한글이고, 뒤 부분은 앞의 내용을 영어로 번역한 것이다. 미국에 살거나 한글을 잘 모르는 사람들을 위한 작은 배려이다. 나의 가족은 물론이고 나와 젊음을 함께했던 해군 전우들과 후배들, 그리고 이 책을 함께 쓴 아들 영진이와 출판에 도움을 준 아들의 친구들과 하늘에 계신 하나님께 감사를 드린다.

충주 엔젤 실버텔에서 - 강병희

목차

추천사

머리말

1부 나는 누구인가?

1. 나는 강병희입니다
2. 내가 살던 바우머리 집
3. 내 고향 바우머리야 잘 있느냐?
4. 바우머리야 잘 있거라 - 서울 가는 길
5. 서울에 안착하다
6. 마차리 탄광에서 해군사관학교로

2부 무엇을 위해?

1. 해군사관학교 입학
2. 해군사관학교 과정 중 6·25를 겪다
3. 신미도 해전
4. 미 제7함대 인턴쉽
5. 결혼
6. 해상 근무와 육상 근무

3부 어떻게 살 것인가?

1. 첫 미국 유학 이야기
2. 인연
3. 산타아나의 부활절
4. 한국계 미국 올림픽 금메달리스트 Dr. Sammy Lee 를 만나다
5. 귀국길
6. 공창 근무
7. 해군 공창에 병기공장을 설립하다
8. 당시 한국 해군의 현실
9. 워싱턴 D.C 원자전학과 정보학 교육과정
10. 두 개의 얼굴 미국

4부 격동의 시기
1. 격동의 시기
2. 베트남 파병 소식과 아내의 신앙
3. 베트남 전쟁
4. 항명
5. 파월군에게 베트남어 교육 시작
6. 승자 없는 전쟁
7. 파월 용사의 집
8. 하얀 상자

5부 길
1. 군인의 길
2. 또 다른 시작
3. 이민의 길
4. 동부로 가는 길
5. 나의 길
6. 광야에서 인도하신 길
7. 가족의 재회
8. 감사한 은퇴 그리고 그 후
9. 신앙의 길

Chapter

Chapter I *Who am I?*

1. I am Byung Hui Kang
2. My home in Baumeri village
3. Oh My home town Baumeri!
4. Goodbye Baumeri – The Road to Seoul
5. Settling in Seoul
6. From Coal Mine to Korean Naval Academy

Chapter II *For what?*

1. Entering Naval Academy
2. The Naval Academy during The Korean War (6 · 25)
3. Shin Mi Naval Battles
4. Internship on the U.S. 7th Fleet
5. The wedding
6. Alternation of work

Chapter III *How to live?*

1. First Study abroad to US
2. Destiny
3. Easter in Santa Ana
4. Meeting Olympic Gold Medalist Sammy Lee
5. Return home
6. Work in Gongchang
7. Establishment of an Ordnance Factory in Gongchang
8. Reality of the South Korean Navy
9. Study of Nuclear warfare and Information
10. Two Faces of America

Chapter Ⅳ *Turbulent Times*

1. Turbulent Times
2. Deployment to war and my wife's faith
3. The Vietnam War
4. Defiance of Orders
5. Mission of Teaching Vietnamese language
6. A War with No Victors
7. The home of Vietnam War soldier
8. White Boxes

Chapter Ⅴ *The Journey…*

1. The Path of a Soldier
2. Another Beginning
3. Immigration
4. To the East
5. The Journey
6. The Wilderness Years
7. Reunion of Family
8. Grateful Retirement and Beyond
9. The journey of walking with the Lord

Family Photograph

Epilogue

1부
나는 누구인가?

1. 나는 강병희입니다

　나는 '병'자 돌림을 받은 '신천'이 본(本)인 편안 강 씨이다. 2015년 통계청 발표에 의하면 편안 강 씨는 전 국민의 0.2 퍼센트로 9만이 조금 넘는다. 그중 서울과 세종시와 제주도에 60 퍼센트 이상이 살고 있다. 우리나라 강 씨는 모두 중국에서 내려온 성인데 특히 신천 편안 강 씨는 《신천 강 씨 대동보(信川康氏大同譜)》에 따르면, 주(周)나라 무왕(武王)의 동생 강숙(康叔)의 둘째 아들 강후(康候)가 기원전 198년에 조선 평양에 들어와 왕실을 교화한 공으로 기자로부터 강 씨 성을 받아 지금까지 이어졌다.

　내 기억은 '신'자 돌림을 쓰신 할아버지의 회갑 날로 거슬러 올라간다. 할아버지의 회갑 잔칫날 광대 놀이패의 공연에 많은 구경꾼이 모여 들었다. 사람들이 지붕에까지 올라가는 바람에 집이 기울어질 정도였다.

　평안북도 정주군의 우리집은 넉넉한 가정이었고, 아버지는 자전거를 타고 다녔다. 내가 13살 되던 해에 아버지가 돌아가셔서 베감투와 상복을 입고 상주 끝자리에 서 있던 나는 애처로운 막내였다. 아버지의 장례가 끝난 다음날부터 하루 세 번 성묘를 했다. 일하는 형들은 못 가니 막내인 나라도 혼자 성묘를 해야 했는데 공동묘지가 무서워 처음에는 울면서 가곤 했다. 그러나 매일 하다 보니 상주 노릇 잘한다고 집안 어른들의 칭찬도 들으니 담대해지기 시작하여 우쭐한 마음에 잘했던 것 같다. 15살 때 어머니가 돌아가시고 한 분 남은 어른이신 할머니와 살았는데 그 시절이 눈에 선명하게 떠오른다. 지금도 나를 돌봐주시던 할머니를 생각하면 보고 싶어서 마음이 촉촉해진다.

2. 내가 살던 바우머리 집

우리집은 바우머리에서 우물에 양수기 펌프가 있는 집으로 잘 알려져 있었다. 우리집에는 출입문이 세 개였다. 첫째 문은 말을 타고도 왕래할 수 있는 대문이었고, 둘째 문은 소와 머슴들이 왕래하는 소문, 마지막으로 우물과 화장실로 통하는 또 다른 소문이었다. 사각형으로 된 안채는 남동향을 바라보는 대궐집이었다. 왼쪽에는 정미소로 쓰는 공간이 있었으며, 오른쪽의 반은 창고, 반은 소 외양간이었다. 건너편 사랑채는 손님 응접실과 침실이 세 개나 있던 건물로 넓게 자리하고 있었다. 마당 왼편 닭장에는 2천 마리의 닭을 키웠으니 마당의 규모도 대단했다. 집 오른편 50미터쯤에는 〈조양 학원〉이라는 사설 학교가 있었는데 할아버지께서 서울 YMCA 청년 학교를 졸업한 둘째 아들을 위해 설립해준 큰 건물이었다. 이 학교는 유일하게 한글을 몰래 가르치고 배우는 곳으로 커다란 운동장도 있었다. 민족정신의 기틀 위에 세워진 사설 학원이었다. 정규 국민학교(현재의 초등학교)를 다니는 아이들도 특별 수업을 받을 수 있었다. 당시 우리집은 바우머리에서 유명한 지주의 집이었다.

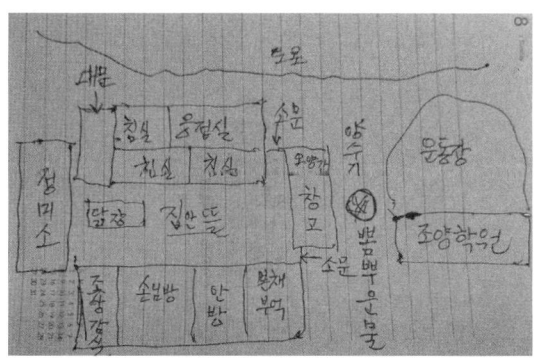

〈필자의 기억을 토대로 직접 그린 예전 집의 구조도〉

나의 형제는 5남매였는데 큰형과 둘째 형, 셋째는 누나였고 내 바로 위에는 넷째 형, 그리고 내가 막내였다. 나를 제외하고는 모두가 정상적으로 국민학교를 나와 진학을 하였으나 막내였던 나는 작은아버지가 경영하는 〈조양 학원〉에서 언어(한글)와 천자문, 일어, 서예를 배웠다. 국민학교 입학 연령이 되지 않았지만 나는 집안이 운영하는 학교라서 조기 교육을 받기 시작했다. 그러다가 그만 정규 교육 과정의 시기를 놓치고 말았다. 할 수 없이 교회에서 운영하는 〈신안 사립학교〉 3학년에 편입해서 중학교 진학을 준비했으나 당시는 사립학교 출신들은 중학교에 입학 허가를 내주지 않았기 때문에 〈사립 공업관〉이라는 학교에 입학하여 중학교 과정을 배웠다. 그러던 중에 8·15 해방을 맞이했다. 해방 후 그 학교가 〈정주 중학〉으로 개칭되면서 비로소 중학생이 되었다.

겨울방학이 끝나가던 날이었다. 방학 동안 자기 부모님 때문에 원하지도 않은 결혼식을 치르고 돌아온 친구가 한턱을 낸다고 하여 친구들과 함께 갔다. 불고기와 소주를 먹고 마시며 만찬이 벌어졌는데, 누군가 학교에 고자질하여 그 현장에 교무 주임 선생님이 오셔서 우리 모두를 잡아갔다. 교무 주임 선생님은 아이들을 모두 옆 국민학교 운동장에 드러눕히고 하늘의 별을 세라는 벌을 세우셨다. 우리는 모두 무기정학 처분을 받았다. 아직 개학식도 한 주가 남았는데 학교에 등교하여 매일 반성문을 쓰게 했다. 그러던 중 갑자기 교장 선생님이 들어와서 정학을 풀어주며 우리들에게 말씀하시길 공부할 사람들은 서울로 가라고 했다. "모스크바 삼상회의가 끝났으니 공부하려면 서울로 가야 한다."라고 말씀하시며 우리의 손을 꼭 잡아주었다. "애들아! 서울에 가서 다시 만나자."고 할 때는 나라가 신탁통치로 바뀌니 자유 진영으로 가야 한다는 뜻인 줄 어렴풋이 알고는 있었지만, 당시에는 교장 선생님과 작별해야 한다는 슬픔에 눈물만 흘리며 집으로 돌아왔던 기억이 생생하다.

3. 내 고향 바우머리야 잘 있느냐?

바우머리는 잊을 수 없는, 내가 태어난 고향의 이름이다. 마을 북쪽으로는 800미터 높이의 산이 우뚝 솟아 있었고, 울창한 소나무 사이로는 집보다 큰 바위들이 여기저기 흩어져 있었다. 마을 동쪽으로는 논들이 드넓게 펼쳐져 있었고 북동쪽으로는 달래강이 흘렀다. 여름철 홍수가 나면 많은 양의 모래와 자갈이 강둑에 쌓이곤 했다. 내 고향 바우머리의 목가적인 풍경은 지금 생각해도 참 예뻤다. 강 동쪽은 높지 않은 산맥에 가로막혀 있었고, 강을 따라 나 있던 자갈 포장도로는 금광으로 이어져 있었다. 봄이 되면 친구들과 함께 북산을 오르내리며 지푸라기를 줍고 칡을 캐고 소나무 가지 껍질에서 즙을 빨아먹으며 놀곤 했다.

여름방학 때는 냇가에서 유리병으로 피라미를 잡았고, 가을에는 밤나무 산에 올라 밤을 주워먹기도 했다. 때로는 다람쥐 구멍을 발견하고는 다람쥐들이 모아놓은 밤을 훔쳐먹기도 했다. 논에 나가 게를 잡아 구워 먹으며 모험의 기쁨을 만끽했던 바우머리에서의 시간은 어린 시절의 가장 좋은 추억이다. 바우머리가 몹시 그립지만 남북으로 분단되어 고향에 갈 수 없다는 사실이 매우 슬프다. 하루빨리 남북통일이 이루어져 고향에 대한 그리움을 달랠 수 있기를 간절히 소망해본다. 아, 그리운 내 고향 바우머리, 아직도 잘 있느냐?

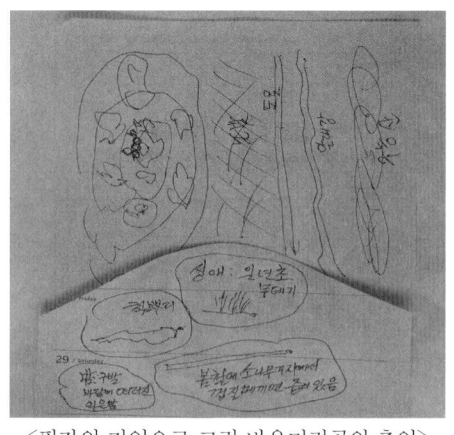

<필자의 기억으로 그린 바우머리골의 추억>

4. 바우머리야 잘 있거라 – 서울 가는 길

어느 날 학교에서 귀가하니 우리 집안은 큰 소란이 일고 있었다. 큰 형님을 체포하러 온다는 것이었다. 형님은 서울 갈 준비를 한다고 처가집으로 이미 떠났고, 집안 분위기는 말이 아니었다. 내가 형수님과 할머니에게 서울로 떠난다고 말씀드렸더니 형수님은 손에 끼고 있던 쌍가락지를 빼서 월남하는 비용에 보태고 꼭 형님을 서울에서 만나라고 했다. 할머니는 명주 한 필을 여비에 보태라고 하면서 "할미 걱정은 하지 말고 열심히 공부해서 이 할미를 기쁘게 해주렴." 그 한마디를 던지고는 닭장에 모이를 주러 나갔다. 나는 나 나름대로 이것저것을 생각하다가 신의주에 계시는 둘째 형을 만나 작별 인사와 함께 서울에서 만나자고 말씀드리니, 자기는 지금 직장이 좋다고 하면서 별 다른 말씀이 없었다. 둘째 형은 경성 전기 학교 출신으로 큰 전기 변전소 소장으로 있는 것이 만족스러웠지만, 형수님은 아들딸을 위해 가야 한다고 했다. 의견이 엇갈리고 있었다.

할머니에게 상황을 말씀드리자마자 학교 친구들로부터 연락이 왔다. 곧바로 정주로 내려가서 먼저 학교 학생증과 민주 학생증을 만들라는 전갈이었다. 바쁘게 만들어 학생복 옷깃에 숨겼다. 친구들과는 며칠 남지 않은 부활절을 기해서 황해도 사리원에 있는 친구 외가인 놋그릇 공장에 집합키로 약속했다. 우선 평양에 계시는 누님 댁을 방문하고 시간에 맞추어 사리원으로 가니 약속한 친구들이 모두 모여 다음 행동 준비를 하고 있었다. 우선 사리원을 출발하여 도보로 100미터 간격을 유지하면서 동해주로 걸어가다가 우연히 소련군 트럭을 만났다. 그들은 우리에게 백 환씩 내면 동해주까지 태워주겠다 하여 우리 20명은 소련 트럭을 탔다. 그 덕분에 검문도 받지 않고 동해주에 도착할 수 있었다. 동해주에서 삼팔선을 넘으려면 안내자가 있어야 하고 안내자에게는 두당 백 환씩 내야 한다고 했다. 그렇게 안내자를 정한 후 출발하려는데 엉뚱한 사람이 나타나서 자기를 안내자로 쓰지 않으면 남으로 도망가는 것을 고자질하겠다고 하여 할 수 없이 백 환씩을 더 내고 야밤에 안내를 받았다. 삼팔선을 넘는데 다행히도 검문 검색이 없었다.

도착한 곳은 보리밭이었다. 안내자는 그곳에 엎드려 날이 밝을 때까지 기다리라고 하고는 성급히 도망치듯 사라졌다. 우리는 안전한 곳에 도착하기는 했나 의심하면서 동트는 시간만을 기다렸다. 날이 밝아 주변을 보니 삼팔선을 넘은 사람들이 줄지어서 청단역 쪽으로 가고 있었다. 우리도 그들을 따라갔다. 그곳 검문소에서 남쪽 경찰들에게 취조를 받았다. 우리가 분명히 남쪽으로 온 것이 확실하다고 생각하자 일행들도 긴장을 풀었다. 경찰이 우리의 짐을 조사하다가 담배갑이 나오자 담배 피우는 불량 학생이라고 꾸짖길래 담배갑 속에 돈을 말아 넣어 왔다고 하면서 안을 보여주니 무사히 해결되었다. 그 후에 민주 학생증과 학교 학생증을 보여주었더니 장부에 우리들의 이름이 있다고 했다. 그들은 우리를 대환영이라고 하면서 기차표를 사주었다. 보통 다른 사람들은 이삼 일 기다려야 기차를 탈 수 있는데 우파 학생들은 특혜를 준다고 했다. 민주 학생증은 당시 공산주의자가 아닐 뿐만 아니라 우파를 확인하는 중요한 증명서였다.

기차를 탈 때 "우리는 서북 청년단원입니다."라고 말하자, 사람들이 도와줘서 쉽게 기차를 탈 수 있었다. 경찰들이 우리가 기차를 타기 전에 '서북 청년단원'이라고 말하면 다른 사람들이 잘 대해줄 것이라고 했기 때문이다. 중화라는 역에 이르니 다른 우파 민족 청년단원들이 차에 올라와서 민족 청년단에 가입하라고 했다. 우리는 서북 청년단원이라고 얘기했다. 기차는 개성에 도착했다.

  미국 헌병들이 피난민들은 모두 피난민 수용소에서 2주간 머물 것이라며 천막으로 안내했다. 우리는 먼저 전신에 DDT 소독을 했다. 그 후 김치와 밀밥을 주어서 식사를 하고는 한 사람씩 조사를 받기 시작했다. 정주에 어떤 소련 군대가 있냐는 등 많은 질문을 받았다. 다행히 그 미국 조사관이 일본말을 잘해서 질문에 잘 대답할 수 있었고 우리는 수용소 생활을 마친 뒤 서울 가는 기차에 올랐다.

5. 서울에 안착하다

우리 20명은 20여 일을 초긴장 상태로 있으면서 삼팔선이라는 사선을 넘어 무사히 서울에 안착했다. 우리는 아현동 고개 한옥집 문간방을 빌려 서울 생활을 시작했다. 문간방이 좁아서 방 중앙에 새끼줄을 매고 그 위에 발들을 올려놓고 잠을 잤다. 서울의 첫날밤이었다. 아침에 일어나 주인집에 물을 길어다주었더니 고맙다고 물말이와 김치를 주어서 아침을 때웠다. 집주인은 우리가 책이 없으니 도서관에 가는 것이 좋겠다고 말하면서 종로 파고다공원 옆에 있는 도서관으로 가보라고 했다. 아침 일찍 걸어서 파고다공원으로 가니 팔각정에는 사람들로 만원이었고 빈자리는 공원 둘레에 무성한 향나무 아래뿐이어서 빈 가마니를 털어 나무 밑에 깔고 자야 했다. 왜냐하면 공원 옆 종로 도서관은 아침 4시에 문을 여는데 미리 줄을 서지 않으면 정원 제한으로 들어가지 못했기 때문이다. 우리는 책 한 권도 지참하지 못했기 때문에 향나무 밑을 거주지로 정하고 매일같이 도서관에 들어가서 영어책과 미적분 수학책을 빌려서 고등학교 검정시험 준비를 했다. 이 도서관은 종로 2가 '파고다공원' 서쪽 옛 한국 군악대 임대 건물 자리에 있었다.

〈1950년대 종로 도서관 내부 광경〉 〈파고다공원 옆 옛 종로 도서관〉

하루는 친구들이 종로 화신 백화점에 가서 엘리베이터를 타보자고 했다. 우리가 화신 백화점 3층까지 올라갔다가 내려오는데 젊은 청년들이 우리에게 오더니 서북 청년회에 가입하라고 했다. 우리는 학교에 가야 한다고 고사했더니 그들은 우리에게 학교도 보내주고 잠도 재워주고 먹을 것도 줄 테니 가입하라고 권하길래 솔깃해서 가입을 했다.

<1950년대 종로 2가의 화신 백화점>

나는 성균관 대학교 근처에 있는 종로 서북 청년단에 배치되었다. 나는 동행한 친구들과 헤어지게 되어 마음이 매우 허전했고 발걸음이 무거웠다. 점심시간에 자동차 소리가 나서 나가보니 미군 트럭이 와서 짐을 내리고 있었다. 우리들의 점심이었다. 나도 박스 하나를 받아서 열어보았다. 비스킷과 깡통들이 있었고 손목시계도 하나 들어 있었다. 시계의 초침이 힘차게 뛰고 있었다. 나는 놀라서 주위 사람들을 쳐다보니 '씨레이션'이라고 설명해주었다. 아침 기상종이 울렸다. 이 종소리는 정원에 집합하라는 신호였다.

"오늘 강원도 영월 마차리 탄광 업소에 있는 좌익 조직 소탕 작전에 파견할 요원을 모집한다."고 발표를 했다. 문득 큰 형님이 분명 "서북청년단원으로 명부에 올라 있지 않을까?" 하는 생각이 들어서 위원장에게 확인을 부탁했더니, 지금 영월에 파견되어 있다는 소식을 전달받았다. 나도 영월 탄광에 파견해 달라고 부탁을 했으나 나이가 어리다고 거절했다. 나는 간절한 마음으로 큰형님이 그곳에 계시니 꼭 보내 달라고 졸랐다. 나의 간절함을 이해한 듯 결국 파견이 결정되어서 다음날 광업소 차를 타고 강원도 마차리 무연탄 탄광 업소로 파견되었다. 형님과 나는 극적인 상봉을 했다. 두렵고 외로웠던 시간에 큰 형님과 만나자 나의 두 뺨은 뜨거운 눈물로 가득했다. 나는 하나님께 감사의 기도를 올렸다. 모세를 광야에서 인도하신 그 하나님이다.

<강원도 영월 마차리 탄광 입구>

6. 마차리 탄광에서 해군사관학교로

광부로 취업한 나는 18세로 그곳 광부 중 제일 어렸다. 주위의 광부들이 가르쳐주는 대로 일을 하니 더 애처롭게 보는 것 같았다. 나는 그럴수록 열심히 일을 했다. 사실 그렇게 어려운 일도 아니었다. 일제 때는 학생들을 동원해서 모심기도 하고, 방학 때는 비행장 흙 나르기 등 강제 노동에 자주 동원되었으며 소나무 솔방울을 따서 공출하는 일들을 했는데, 나 역시 그런 일을 해본 경험이 있었기 때문이다. 그것에 비하면 이 광부 일은 단순해서 남들에 뒤처지지 않게 할 수 있었다. 일을 마치고 나면 얼굴과 손에 무연탄 가루가 묻어서 반짝반짝 빛이 나는데 기름으로 닦아내고 세수를 해야 했다. 그때 얼굴의 탄가루를 닦아내던 기름이 지금 생각해보니 자동차에 쓰는 윤활유였다. 숙소로 돌아오는 길에 목욕탕에 들려서 빨랫비누로 몸을 한번 더 닦아야 했다.

어느 날 야밤에 비상소집이 되어 나가보니 강원도 좌익 아지트를 습격한다고 했다. 강원도에는 자연 동굴이 많다. 습격할 곳에 가보니 밤중에 동굴 입구에서 카빈 소총을 안고 잠들어 있는 초병을 발견하고는 놀랐다. 우리는 곡괭이 나무 자루로 무장하고 있었는데 제압하고 보니 카빈 총 개머리판에 육상 자위대라고 적혀 있어서 또 한 번 놀랐다. 소련제 총이었기 때문이다. 날이 밝아오는 것을 기다리고 있다가 동굴 안에서 나오는 자들을 모두 잡고 보니 13명이었다. 청년 대원들은 상부 명령으로 광업소 차를 동원해서 삼척 앞바다에서 공산주의 포로들을 60킬로 쌀 가마니에 넣어 무작정 바다에 던지고 돌아와야 하는 임무를 수행해야만 했다. 아무것도 모르고 따라갔던 나에게는 큰 충격이었다.

그즈음 조선일보에 난 "국립 운수 학교(훗날 국립 철도 고등학교가 됨)" 모집 광고를 보게 되었다. 그때부터 나는 마음이 흔들렸다. 나는 대장에게 서울에 올라가서 고등학교 검정시험을 쳐서 국립 운수 학교 입학시험을 보겠다고 하니 흔쾌히 허락해주었다. 나는 영월읍에 계시는 큰 형님에게 보고하고 서울 파고다공원으로 가서 2주 동안 시험 준비를 했다. 검정시험에 합격하고 운수 학교에 지원서를 내니 3주 만에 통과했다. 학교에서 주는 학생복, 모자, 신발을 받고 기숙사 배정을 받은 뒤 처음으로 정식 고등학교 공부를 시작했는데, 아침 조회를 마치면 학생 전원이 신탁통치 반대 데모에 나가야 해서 공부는 언제 할지 걱정이 되었다. 생각 끝에 나는 대학 검정시험 준비를 해야겠다고 말했다. 그제서야 데모에 나가지 않아도 된다는 허가를 받고 학교 옆에 있는 철도 도서관에 가서 또 다시 미적분 수학과 영어 공부를 했던 행운아가 되었다.

한 학기를 마치고 방학이 되었다. 마땅히 갈 집도 없는 나는 겨울방학 동안 돈을 벌기로 했다. 그래서 철도 공무원으로 일하는 셋째 형에게 전국 철도 무임승차권을 발행해 달라고 부탁했다. 전라도 임재에 가서 쌀을 3말을 사가지고 서울에서 팔면 2배의 이익을 보는 장사가 된다고 하기에, 두 탕은 성공했는데 세 번째는 경찰에 들켜서 압수당한 적도 있었다. 돼지고기를 사다가 4배의 이익을 보는 벌이도 해보았다. 나는 대학 진학 검정고시까지 무난히 합격했다. 그즈음 공짜로 먹여주고 입혀주고 공부시켜 준다는 해사대학(그 당시에는 미군정 시

〈모스크바 3상 회의 결정서〉

기라 해군이란 말도 없었고 그저 관비 4년제 대학과정이라고 불렀다.)에 입학원서를 냈다. 그런데 큰 문제가 생겼다. 온몸에 피부병이 생겼다. 학교에서 황해도 백천 온천에 가보라고 해서 그곳에서 1주를 지내니 피부병이 모두 가라앉는 것 같았으나 서울에 돌아오고나서 이틀이 지나자 피부병이 재발했다. 할 수 없이 철도 병원에 갔더니, 의사가 606이란 주사를 놔주었는데 며칠 지나니 피부병이 아무 일 없었던 것처럼 사라졌다. 감사의 눈물로 기도하면서 하나님께 감사했다. 해사대학은 필기시험을 보기 전에 신체검사에 먼저 합격해야 시험을 치를 수 있었다. 신체검사 결과, 맥박 불규칙이라고 부정맥 판정이 나왔는데, 보기에 멀쩡한 놈이라면서 합격 판정을 내려주는 바람에 통과되어 그 학교에 입학을 할 수 있었다. 또 한 번 기적과도 같은 일에 감사의 눈물을 금치 못했고, 나를 불쌍히 여기셔서 도와주시는 하나님을 찬양했던 그때의 감격을 생각하면 아직도 눈물이 난다.

〈해군사관학교 입학식에서의 선서 장면〉

2부
무엇을 위해?

1. 해군사관학교 입학

1947년 부활절을 사리원에서 지내고 사리원을 떠난 날부터 해군사관학교 입학까지 그 짧은 기간 동안 벌어졌던 수많은 일들은 기적과도 같았다. 내 생애 가장 많은 사건들이 있었다. 하나님은 구름 기둥 불기둥으로 모세가 광야를 지날 때 인도하셨던 것처럼 나를 인도하셨다. 삼팔선을 넘고 개성 피난민 수용소에서 2주일을 묵을 때나, 서울에 도착하여 안착했던 아현동 문간방 주인을 만나 귀한 조언을 얻어 파고다공원 근처 종로 도서관을 찾게 된 일, 우연히 서북 청년단에 입단하여 형님과 다시 만날 수 있었던 일, 생각만 해도 아찔하고 끔찍한 강원도 영월 마차리 탄광 좌익 아지트 습격 사건, 우연히 신문의 안내문을 보고 고등학교에 입학한 후 대학 진학을 위한 검정시험을 무난히 통과한 사실 등은 나의 능력이 아니라 분명 하나님의 인도하심이었다. 해사대학 신체검사 합격도 하나님의 도우심이 아니라면 어떻게 설명을 할 수 있을 것이며, 1948년 9월 4일, 월남한 지 1년 갓 넘어 해군사관학교에 입학한 사실은 하나님의 은총이 아니라면 설명할 수 없을 것 같다.

서울역에서 시작하여, 삼랑진역에서 진주행 기차로 환승하고 또 창원역에서 한 번 더 환승해 진해에 도착했다. 역전에 신입생을 위한 안내문이 크게 붙어 있었다. 입학생들은 안내자가 올 때까지 기다리다가 안내 장교를 따라 도보로 약 40분 정도 걸어 학교에 도착했다.

학교 건물은 일본군들이 주둔했던 건물이었다. 우리는 도착하자마자 침실 배정을 받았고 마당에 줄을 서서 한 사람씩 유니폼으로 갈아입는 순서를 가졌다. 신발은 같은 사이즈였지만 어느 누구에게도 맞지 않는 커다란 미국 군화였다. 모두들 신발이 크다고 했지만 감사했다. 일본군이 쓰던 99식 소총과 대검을 받아 침실로 돌아와 동료들과 비로소 인사를 나누는 시간을 가졌다. 이어서 저녁 식사를 위해 식당으로 갔다. 밀로 된 밥과 콩나물국에 짜고 매운 경상도 김치로 저녁을 먹은 후, 우리 150명은 목욕탕으로 갔다. 세상 때를 다 씻어버리고 나니 취침 시간이 되었다. 일본식 다다미를 깐 2층 침대였다. 다다미 위에 모포 한 장을 깔고 다른 모포 한 장을 덮고 자는 식이었다. 아침 5시에 기상나팔로 일과가 시작된다는 설명을 듣고 불침번 순서를 정하고 모두 잠이 들었다. 이것이 감사의 기도로 마무리한 입학식 전날의 광경이었다.

〈해군사관학교 생도들의 수업 모습〉

2. 해군사관학교 과정 중 6·25를 겪다

서울에 가서 오롯이 공부하겠다는 생각 말고는 그 어떤 생각도 해본 적이 없던 나였다. 단지 돈 없이 공부할 수 있는가 하는 것이 나에게는 그 어떤 것보다도 어려운 도전이었다. 국립 운수 학교, 해군사관학교는 공부할 수 있도록 하늘이 내려준 절호의 기회였다. 해군사관학교는 해사대학(군정 기간에 부르던 이름), 해군대학(대한민국 수립 후)을 거쳐 1949년 1월 15일 "해군사관학교"로 개칭되었다. 삼팔선을 넘으면서 꿈꾸던 학업의 뜻을 이룬 감동적인 날을 그렇게 맞이하였다.

입학식 때 교육을 담당할 교관들을 일일이 소개하는 순서가 왔다. 그들 가운데는 미 해양 경비대 중위가 항해 교관으로 소개되었다. 미군이 교관이라는 사실이 신기했다. 훈육 교관들은 대위였고 1회 졸업생이었다. 2기생은 졸업 준비에 여념이 없었다. 사실 캠퍼스에는 3기생들과 4기생들뿐이었다. 우리 4기생들은 3주 동안 군인의 기본 훈련을 시작으로 병기, 항해, 기관 등 배의 구조와 우리의 임무와 관련된 주요 과목들을 공부했다. 그렇게 학기가 진행되던 중, 현 사관학교에 주둔하고 있던 미군이 철수하는 일이 생겼다. 새로운 곳으로 이전하는 작업은 2주일이나 걸렸다. 그들이 철수한 넓은 건물들을 청소하고 재정리하는 작업은 우리 4기생들의 몫이었다. 연병장 안쪽에 있었던 비행기 격납고 3채와 실내 시설물들을 청소하는 일은 매우 힘든 작업이었다. 4기생은 입교하자마자 이와 같은 중노동으로 체력 훈련을 대신했다. 정규 교육이 시작되면서 월요일부터 금요일까지는 주로 학과 수업을 했다.

토요일은 군사 훈련을 하면서 산을 넘어 창원까지 왕복 행군을 했다. 천자봉을 오르내리는 "천자봉 행군"으로 그전에 없던 통로가 생길 정도로 힘든 훈련이었다. 학교 뒷산에 오르내리는 훈련 중에 옻나무 알레르기로 피해를 입은 생도가 많아서 고생했던 기억이 있다. 어떤 날 밤에는 3기생 선배와 같이 야간 보초 근무 중 미군이 쓰던 동굴 창고에서 3기 선배가 꿀 같은 것을 발견했다. 선배가 나에게 마시라고 해서 마셨다. 나중에 알고 보니 그게 바로 팬케이크에 발라 먹는 스위트한 메이플 시럽이었다. 그 달달함은 그 당시 피곤을 깨우는 청량 음식이었다. 모두가 미군들이 남기고 간 것이었다.

정주 공업 학교에서 배운 측량 기술과 기하학과 수학, 그리고 전기 관련 지식과 내연기관 발전기와 엔진 등에 관한 지식이 많은 도움이 되어서 해군사관학교의 학과 공부들을 흥미를 가지고 열심히 했다. 그러나 우리 동급생들 중에는 학교 교육에 흥미가 없던 불량학생이나 과실 점이 많은 학생 등 퇴교생이 발생했다. 어떤 날은 야밤에 진해 공동묘지에 있는 화장터에 가서 사람 뼈를 하나 찾아오라는 선배들의 담력 훈련 같은 고통을 겪으면서 자원 퇴학하는 동기도 있었다.

어떤 날은 밤중에 비상이 걸려 연병장에 나가니 지금 빨갱이 게릴라들이 학교를 포위했으니 우리는 바다로 도망가라는 훈련 상황이 벌어졌다. 우리는 모두 바다로 뛰어들었다. 생도 중 일부는 바다로 뛰어들지 않고 오히려 빨갱이들에게 가는 명령 불복종 소동이 벌어졌고 그들은 퇴교당한 후 마산 형무소로 이송되었다. 이렇게 우리 4기생은 많은 퇴교생이 발생했다.

이와 같이 교육이 진행되는 중에 6·25가 터지고 인민군이 남하한다는 전황에 따라 공부하던 4기부터 7기생까지 진해 방위선에 투입되어 창원에 배치되었다. 그러던 중, 낙동강 방어선이 형성되어 학교에 복귀하려 할 때 인천 상륙 작전이 실시되어 군은 북진하게 되었다. 민간이 운영하던 LST(미 상륙 작전용 수송함)가 북진하는 부대들의 병참 지원에 나서면서 우리 4기생들은 LST에 10명씩 배치되어 원산, 성진, 청진 등으로 출동하였다.

그때 해양대 출신에게서 전시 교육과 항해 실무 교육을 받았다. 그 와중에 PF급 군함(PF 함정은 2차 대전 때에 미국이 소련에게 대여했던 것이 우리 해군으로 반입된 것임)이 우리 해군에 들어와 우리 4기생 전원이 PF 62함에 배치되었다. 나는 수병들의 위치로 배치되어 전투 요원으로 근무하면서 항해술, 기관 관계 CIC(방첩 부대) 등을 수강했다.

〈신미도 전투의 PF 62함〉

3. 신미도 해전

1951년 4월 16일, 우리는 평안북도 신미도 부근 해역에서 출동 임무를 수행하던 중 소련 YAK 전투기 4대의 습격을 받았다. 적기는 갑판 후미에 있는 폭뢰 추력을 향해서 폭탄을 투하했으나 다행스럽게도 명중하지 않았다. 폭탄 한 발이 수중 3인치 포탄 창고 외벽에 명중되어 배가 침수되면서 좌측으로 기울기 시작했다. 그러나 3인치 포탄이 폭발하지 않은 것이 불행 중 다행이었다. 하지만 적기는 계속해서 함교를 향해서 기총 소사를 해왔고 함교 옆에 있는 20mm 기관 포탑 뒤에 떨어진 포탄이 폭발하면서 20mm 기관포로 사격하던 나와, 동기생이었던 이홍섭에게 37mm 기관 포탄 파편이 튀었다. 내 몸을 때린 곳이 84군데였는데 다행히 방한복과 라이프 자켓을 입었던 터라 몸 깊이는 뚫지 못했다. 우리는 그런 와중에도 20mm 기관포로 사격을 가해 YAK 기 1대 격추, 1대 명중, 2대 격퇴라는 전과를 올렸다. 나와 이홍섭 동기에게는 1951년 4월 16일 그날이 잊지 못할 전쟁의 기억으로 남아 있다. 그해 10월 나는 이 해전의 공적으로 금성 충무무공훈장과 금성 화랑무공훈장을 받았다. (이 훈장들은 2019년 9월 11일 해군사관학교 박물관에 기증되어 진열되어 있다.)

의무실에 가서 보니 군의관은 출혈이 많은 동기들을 치료하느라 바빴다. 그때 눈에 띈 핀 세트 하나를 집어서 나는 내 손으로 파편을 뽑고 지혈 테이프를 매어 자작 치료를 했던 당시의 기억이 아직도 생생하다. 그러나 파편 하나는 복사뼈 부근에 아직도 남아 있다. 가끔 비행기를 타기 위해 금속 탐지기를 통과할 때면 그때 생각이 나곤 한다. 그 파편으로 인해 금속 탐지기의 경고음이 울리기 때문이다. (나는 사정을 말하고 통과할 수밖에 없었다.) 전투가 끝나고 파편을 제거한 후 4시간마다 증류수에 탄 페니실린 주사를 맞을 때의 통증은 파편에 맞을 때의 통증보다 아프고 힘들었다. 그 후 일본 사세보 미 해군 병원에서 오일 페니실린을 맞으니 다행히 치료가 빨랐다. 일본 사세보에서 파손당한 배 수리를 잘 마치고 돌아와 귀교한 뒤 졸업 준비를 했다. 우리 4기들은 모두 1951년 8월 31일 졸업과 동시에 임관해서 부산 해군본부로 배치됐다. 150명이 입교하여 71명이 졸업했고 미국 7함대에 인턴 배치를 기다리며 부산 해군본부로 출근했다.

<2018년 9월 11일 훈장 기증식>

4. 미 제7함대 인턴십

아침 7시에 신고하니 미 해군 고문관은 우리를 기다리던 차에 타라고 했다. 타고 간 부두에는 2만 톤가량의 화물선이 계류해 있었는데 이 배를 타고 7함대로 가야 한다고 했다. 짐 가방을 가지고 승선하니 미 해군 상사가 침실 배정을 했다. 얼떨떨한 기분이 가라앉지도 않았는데 배는 출항하여 부산항을 빠져나가더니, 어느새 동해에서 작전 중인 7함대로 항로를 잡아가고 있었다. 이 수송선은 7함대에 식량, 탄약, 연료, 그리고 교대 대원들을 수송하는 지원선이라는 설명을 들었다. 5시간의 항해로 7함대가 작전 중인 동해 주문진 앞바다에 이르렀다. 항공모함을 중심으로 모함을 호위하는 약 20척의 구축함에 한 사람씩 승선시켰다. 수송선과 구축함 사이에 로프를 연결하고 그 로프를 따라 도르래를 타고 구축함으로 옮겨 탔다. 나는 USS DDR이란 레이더 구축함인 806함에 배정되어 승함했다. 그날이 1951년 9월 7일인 것이 아직도 기억에 남아 있다.

구축함에 승선하니 미 해군 소령인 부함장이 환영한다고 하면서 자기 침실로 나를 안내했다. 인턴 기간에는 자기와 한방에서 기거할 것이라고 했다. 나는 짐을 풀고 나서 장교 식당으로 안내되어 함장, 기관장, CIC 실장, 포술장(대포를 다루는 부대장) 등을 만나 인사를 했다. 부함장이 인턴이 할 일과 계획에 관한 설명을 자세히 해주었다. 가장 먼저 함교에 올라가서 함장의 자리를 설명해주었고 포술장의 인도로 5인치 포 자동 조정장치를 나 같은 문외한에게 설명해주는데, 노서히 이해할 수 없었다. 이 함정에 미 해군 아나폴리스 출신 인턴도 같이 설명을 들었는데 그는 포술장의 설명을 매우 흥미롭게 듣는 눈치였다. 그러나 40mm 자동포와 20mm 기관포는 나에게도 이미 익숙한 장치였기 때문에 그 설명은 나도 이해하기 쉬웠다.

그날의 과업이 끝났지만 나는 5인치 자동포 시스템을 한 번 더 보고 싶었다. 포 요원인 상사 한 분을 만나서 추가 설명을 들으면서 포를 조정하는 레이더와 컴퓨터 등의 장치에 대해 배웠다. 기계적으로 포를 조정하는 식인데 컴퓨터 크기가 사무용 책상 4배 정도의 크기여서 많이 놀랐다. 그 속에 여러 개의 진공관이 들어 있는 전자식이었다. 첫날의 과업이 끝나서 방으로 돌아오니 부장님이 할 만하냐고 물었다. 나는 영어가 힘들다고 말하고 노트 정리를 하고 있는데 내가 한글로 쓰는 것을 보고 놀라면서 무엇이냐고 물었다. 나는 오늘 공부를 기록한다고 했다.

저녁 식사 시간에 부함장은 나의 노트 정리에 대해 얘기하며 아나폴리스 출신 인턴에게도 그날 배운 것을 매일 노트하는지 물으며 그렇게 하라고 얘기했다. 도리어 나는 멋쩍어서 열심히 배우겠다고 감사의 인사를 했다. 그날 저녁 메뉴는 스테이크였다. 저녁 후에 비번들을 위해 한 시간 반 정도 카우보이 서부 영화를 상영해서 함께 보았다. 침대에 누워 자려고 하는데 잠이 오질 않았다. 나는 일어나 기관실에 가서 기관 당직에게 이 배의 기관 장치에 대한 설명을 부탁했다. 보일러, 터빈 엔진과 담수 정수기 등의 설명을 듣고 매우 놀랐다. 배에서 필요한 식수를 마련하기 위해 바닷물을 담수화하는 기계가 참으로 신기했다. 그때만 해도 바닷물의 담수화는 상상하지도 못했기 때문이다. 증기 터빈을 돌리고 난 증기의 온도로 (섭씨 70도 정도) 진공 탱크 속의 해수를 끓여 담수화시키는 방법이었다. 진공 상태가 되면 끓는점이 낮아진다. 배의 터빈을 돌리고 남은 섭씨 70도 정도의 열에너지를 재활용하는 기술이었다. 나는 감탄을 했다.

아침 식사하라고 깨워서 눈을 뜨니 흑인 수병이 눈에 들어와 깜짝 놀랐다. 장교 식당에 가니 식탁에는 여러 알의 사과가 놓여 있었는데 사과부터 먹으라고 했다. 모두들 깍지도 않고 먹고 있기에 나도 그냥 먹었다. 그 다음에 스프가 나와서 옆에 앉은 장교가 먹는 대로 따라서 먹고 토스트 두 개와 버터 그리고 커피 한 잔을 주는데 옆에 앉은 장교가 오렌지 주스를 요구하길래 나는 포도주스를 주문해서 마시고 아침 식사를 마쳤다.

전투정보센터(CIC)에 대한 설명을 들었다. CIC는 레이더, 소나, 카메라, 전자전 시스템 등을 사용한 정보가 들어오는 곳이다. 나는 대공, 대함, 소나 등의 운영에 관한 설명을 들었다. 나는 기동 함대 무전망으로 오가는 소리를 듣고 스크린 보드에다 기동 함대의 상황이 기록되는 것을 보면서, 경과를 함교에 보고하는 등의 과업 상황을 볼 수 있었다. CIC의 역할은 사람의 뇌처럼 이 함정의 뇌 역할을 하고 있었다. 나는 그 모든 상황 변화를 낱낱이 노트하였다. 나중에 장교 식당에서 함장에게 나의 학습 상황을 보고하는 시간을 가졌다. 함장은 열심히 잘한다고 하면서, 부관에게 나에게 필요한 책은 모두 제공해주라고 지시했다. 나는 기밀 서적 외의 필요한 모든 책을 한 권씩 받았다. 고맙다고 인사를 하고 방에 돌아와 보니 벌써 터빈에 관한 책들이 와 있어서 대단히 놀랐다. 하루는 CIC 실장이 나에게 기밀 서류로 되어 있는 것들을 줄 수 없어서 미안하다고 했지만, 나는 내 나름대로 보고 느낀 것을 노트했다고 설명하고 오히려 요원들이 설명을 잘해줘서 고맙다고 했다.

나의 USS DDR HIGUBEE 806의 인턴십을 1951년 9월부터 12월로 끝마치고 부산 해군본부로 돌아와 보고를 마쳤다. 새롭게 배치받을 곳의 발령이 이미 나 있었다. 나는 JMS 308(일본 해군이 쓰던 소해정) 부정장으로 발령을 받았다. 그 길로 배로 가서 짐을 풀었다. 정장은 일제 시대 때 상선에서 근무하던 경험이 많은 분이어서 아무것도 모르는 나에게 임무 수행을 잘 지도해주었다. 배 안의 행정과 인사 관계 그리고 요원 배치 등에 대해서는 숙련된 원사의 의견을 들으면서 소해정의 임무와 과업 등을 배웠다. 4개월이 지나자 나도 누군가를 잘 지도할 수 있는 정도에 이르렀다. 그다음에는 PF 65함의 기관장으로 발령을 받아 그곳에서 증기 왕복 동력 기관을 공부했다. 그리하여 배의 기관 분야에 대해 점차 터득하게 되었다.

 65함에서 3개월의 기관 장교 근무를 마치니 이번에는 63함 CIC 장교 근무로 발령이 났다. 나는 미국 7함대 806 구축함에서 배운 노트를 기준으로 63함에 맞도록 재정리해서 조정하니, 임무 수행에 도움이 되었다. 함장도 수병들을 지도하는 데에 큰 보탬이 되겠다며 흡족해했고, 후배들의 임무 수행에도 큰 도움이 되겠다며 모두들 좋아했다. 미 해군 7함대 인턴 과정이 큰 보람이 되어 돌아온 셈이다.

〈미국 7함대 USS DDR HIGUBEE 806 구축함〉

5. 결혼

우리는 일본 사세보 항만에 정박하여 기관, 소나, 레이더 등을 정비했다. 당시 진해 정비창에서는 PF급 함정은 정비가 불가능했다. 하루는 아침 식사를 마치고 근무를 시작하려는데 함장이 나에게 편지 한 통을 전해주었다. 그 편지는 나의 결혼식을 알리는 결혼 청첩장이었다. 나는 깜짝 놀라 함께 온 편지를 읽어보니, 진해의 동기들이 나의 여자 친구 가족들의 요청으로 결혼식을 준비하고 나도 모르게 날짜를 잡고 결혼식을 거행한다는 것이었다. 내 동기의 사촌 조카인 여자 친구는 내가 동기와 외출 나갔을 때 그 조카의 집에서 만났다. 그 후 가까워졌지만 아무것도 없는 나로서는 결혼식은 생각도 못했다. 여자 친구 가족들이 나를 매우 좋아했고, 가족들의 부탁으로 동기들이 청첩장을 만들어 일본 사세보 연락관실을 통해 전달한 것이었다. 나는 매우 난처해서 할 말을 잃었는데, 그 모습을 보던 함장이 "명령이다. 오늘 저녁 연락선을 타고 부산으로 가라."고 했다.

제대로 맞는 정장도 없이 진해에 도착했다. 3기 선배의 도움으로 여름 카키색 정장을 빌려 입었다. 1952년 10월 9일 진해 해군 통제부 교회에서 인광식 목사님의 주례로 결혼식을 올렸다. 통제부 사령관과 선배, 동기들의 축하를 받았다. 이 모든 일이 하나님이 철 모르는 병아리에게 날개를 달아주시는 것 같았다. 그런 생각도 잠시였다. 내 마음은 감사함과 두려움으로 뒤섞여 있었다. 신혼살이 할 곳도 준비하지 않았는데 동기들의 연락을 받고 결혼식에 왔으니, 나로서는 걱정이 한두 가지가 아니었다. 어디서 살아야 하는가? 하는 생각으로 고민하고 있을 때 결혼식에 참석한 1기 선배님이 결혼을 축하해주면서, 오늘부터 자신의 관사 응접실을 제공할 것이니 그곳에 살림을 차리라는 것이었다. 놀람과 감사의 순간을 맞아 "오 주여!" 하고 외쳤던 기억이 아직 생생하다. 나는 신혼 때부터 많은 선배들로부터의 사랑의 빚을 졌다.

  결혼식 3일 후, 63함이 수리를 마치고 부산에 입항했다. 당시만 해도 전시 중이라 요즘처럼 신혼여행도 없이 나는 신부를 남기고 동해 대간첩 작전으로 출동해야 했다. 주문진 앞바다에 간첩선을 나포하는 작전이었다. 4일 동안 24시간 감시 끝에 새벽 3시에 주문진 앞바다에서 간첩선을 나포했는데 간첩들은 이미 육지로 도망갔고 배에는 TNT 같은 것들이 잔뜩 쌓여 있어서 접근을 못했다. 함장의 명령으로 간첩선에 올라가서 보니 그것들은 죽은 배터리였다. 우리의 사격에 죽은 시체는 한 구도 없었고 도망간 흔적만 남아 있었다. 간첩선을 주문진 육상 부대에 인계한 뒤 나포 작전을 끝내고 DNL 경비에 복귀했다. 나라 지키는 군인의 신혼 생활은 이랬다. 늘 아내에게 미안하고 가족들에게 진 빚을 훈장으로 생각해야 하는 숙명적인 삶이었다.

<필자의 결혼식 사진>

6. 해상 근무와 육상 근무

PF 63 근무가 끝나고 새 근무처인 신병 훈련소로 발령이 났다. 신병들에게 병기학을 가르치는 임무였다. 이론적이고 평면적인 딱딱한 수업보다는 좀 더 효율적이고 입체적인 수업을 하면 어떨까 생각해보았다. 당시만 해도 시청각 교육이 없던 터라 미 해군 고문관과 상의해서 미군측에 활동사진기와 병기학 내용의 필름 등을 요청하여 받았다. 신병들에게 영화를 통해 교육을 했더니 모두가 좋아했다. 활동사진이나 영화가 귀했던 시대라 그랬는지 집중이 잘되는 듯했다. 신병들이 훈련을 마치고 학과 평가서에 병기학이 제일 좋았다고 평가를 했다. 그렇게 훈련소에서 7개월을 근무하고 다시 바다로 발령을 받았다. 나는 AMS 502 정장으로 근무하면서 원산 앞바다와 연평도 앞바다 수뢰 제거를 하는 등 14개월의 바다 근무를 마쳤다. 그 후 새 근무처인 사관학교로 발령을 받고 항해 운용술과 병기학을 가르쳤다. 나는 바다 근무와 육상 근무를 번갈아가면서 했고, 육상 근무지로는 학교가 나의 적성에 잘 맞았던 것 같다. 가르친다는 의미는 배운다는 의미도 되었다. 가르치기 위해 연구하고 배우는 것은 항상 즐거운 일이었다.

번갈아가면서 한 근무는 여러 분야를 경험하고 배울 수 있는 기회이기도 했다. 특히, 학교에서 가르치면서 즐거움을 느꼈고 배우며 연구하는 과정에서는 성취감을 느꼈다. 이러한 모든 경험은 나중에 다른 일을 할 때도 큰 도움이 되었던 것 같다.

3부
어떻게 살 것인가?

1. 첫 미국 유학 이야기

　사관학교 교관 일이 끝나자 미국 샌디에이고에 있는 미 해군 함포 사격 장치 과정을 이수하고 오라는 명령이 떨어졌다. 난생 처음으로 유학길에 올랐다. 부산 수영 비행장에서 프로펠러 수송기를 타고 괌을 거쳐 하와이에 머문 후 샌프란시스코에 도착했다. 샌프란시스코부터는 기차를 타고 샌디에이고에 이르는 긴 여정이었다.

　오랜 시간이 걸려 학교에 도착하여 보고를 했다. 이 학교는 전 세계 미국 우방 국가들의 해군 장교들이 공부하러 오는 해군 교육기관이었다. 나 말고도 독일, 그리스, 대만에서 선발된 해군 장교들도 함께 이 과정을 공부했다. 이 학교에서는 미 해군을 포함해 200명의 학생이 함께 공부했다.

　이 과정은 강도 높은 9개월 교과 과정이었다. 나는 함대에서 사용하는 병기에 필요한 전기, 전자, 물리 전반에 걸친 수학적 원론을 공부했다. 또한 그 당시 컴퓨터를 통하여 세팅하던 5인치 대공 함포의 운용을 배우고 그 전자적, 전기적 장치의 수학 이론을 배웠다. 1955년 1월부터 10월까지 교육을 받았다. 교육 내용은 우리 해군에 없는 미 해군 DD급의 병기 조정장치에 대한 전반적인 전기, 전자, 물리적 장치에 관한 것이었다. 수업은 매일 월요일부터 목요일까지, 오전 8시부터 오후 3시까지 진행되는 강도 높은 교육 과정이었다. 매주 금요일에는 한 주 동안 배운 것을 오전 8시부터 오후 2시까지 시험을 보았다.

2. 인연

인연이란 늘 우리 주위에 있었던 것 같다. 단지 우리가 겸손치 못해 그 인연들을 피해 살았을지도 모른다는 생각을 이제야 하게 된다. 나이가 90이 넘어서 후회와 반성을 하는 것을 보니 이제야 철이 드는 것 같다. 아쉬움 없이 지나치던 것들도 알고 보면 큰 축복이었다는 생각이 나를 부끄럽게 만들고 겸손하게 한다. 내가 이 책을 쓰고 있는 것도 인연의 연장이라고 생각한다. 나와 나의 가족과 친구들, 나의 후손과 후배들이 함께 공유할 수 있는 좋은 인연이 되었으면 하는 마음으로 이 책을 쓰고 있다.

샌디에이고에서 유학 중이던 어느 날, 나는 중이염에 걸려 참고 견디다 그만 고름이 나오는 지경이 되어서야 해군 병원 신세를 지게 되었다. 나는 일주일간 병가를 얻어 치료를 받았다. 강의 내용은 학교에서 나에게 매일 전달해주어 교육 과정을 따라가는 데는 지장이 없었다. 그때 우연인지 필연인지 해군 병원에서 한국 군의관을 만났다. 그는 미 해군 병원에서 이비인후과 트레이닝을 받고 있던 해군 소령이었다. 그 의사는 환자로 온 나를 보고 반가워하며 저녁에 자기 집에 가서 밥을 먹자고 하였다. BOQ(독신 장교 숙소) 생활을 하며 매일 미국 음식만 먹어왔던 나에겐 뜻밖의 호사였다. 그 군의관은 병원 옆 아파트에서 살고 있었기에 한국 밥도 지어먹고 재료만 있으면 한국 음식도 만들어 먹을 수 있었다. 그분께 일주일 동안 치료도 받고 신세를 지며 주말에는 그 유명한 샌디에이고 동물원도 구경할 수 있었다. 지금도 몹시 감사하게 생각한다. 외국에서 외롭고 어려운 교육 과정이었지만, 우연히 가끔씩 찾아오는 인연은 즐거움이고 큰 축복이었다.

샌프란시스코에서 샌디에이고로 올 때, 기차에서 만난 미국인 부부와의 인연을 소개하고 싶다. 그들은 웃으며 내게 다가와 한국인이냐고 물었다. 자기 딸은 한국에서 입양했고 한국 사람을 만나서 반갑다고 했다. 처음 본 사이지만 그들은 기회가 되면 내가 공부하고 있는 샌디에이고 학교를 꼭 방문하고 싶다고 했다.

 6·25 전쟁이 끝난 후 많은 고아들이 있었고 피난하면서 부모를 잃고 생이별한 아이들이 많았다. 입양도 활발하게 이루어졌다. 그런 전쟁고아를 입양해준 고마운 분들이었다. 나도 딸아이 하나를 둔 아버지였기에 더욱 그들의 감성이 진지하게 느껴졌다. 나에게 연락처를 주면서 시간이 허락되면 언제든 자기 집에 놀러오라고 했다. 그 후 우리는 연락을 주고받는 사이가 되었다. 친절한 그분들의 이름은 고드(Godd) 부부였다. 나에게는 잊을 수 없는 고마운 분들이었고, 나에게 다른 세계를 보여준 귀인들이었다. 훗날 내가 가족들과 미국행 이민을 결정할 때도 은연중에 그들이 나에게 심어준 그 무엇인가가 작용했을 것이라고 믿어 의심치 않는다. 인연이란 물리적인 만남이기도 하지만 그보다 더 깊은 정신적인 교감과 가치가 평생 나와 함께 간다는 것을 그때 체험하였다.

3. 산타아나의 부활절

부활절이 다가오던 어느 날, 고드 씨 부부가 딸과 함께 나를 방문했다. 긴 부활절 주말 동안 가족도 없고 갈 곳도 없이 혼자 있을 나를 위해 일부러 온 것이었다. 나는 그들과 함께 부활절 주말을 보내기 위해 차를 타고 그들이 사는 산타아나라는 곳으로 갔다. 로스앤젤레스 남쪽의 작은 도시였다. 근처에는 오렌지 숲이 가득했고 도시 곳곳에 예술적 문화와 감성이 가득한 아름다운 곳이 많았다. 나는 그곳에서 그들 가족과 함께 부활절 주말을 보낼 수 있었다. 그들은 모두 부활절의 기쁨을 축하하며 감사를 주고받는 금요일을 맞이하고 있었다. 한국에서는 고난의 주간으로 지정되어 예수의 아픔과 십자가의 고난을 기억하자는 의도로 그 한주를 보냈지만, 이곳 산타아나에서는 말 그대로 '굿 프라이데이'였고 모두가 축제를 즐기는 분위기였다. 한국과 미국은 정서적으로 다른 나라였다. 미국은 우리를 대신해 십자가에 못 박히신 예수님의 고난보다 부활에 더 초점을 맞추는 반면, 한국인의 부활절은 고통스러운 십자가를 기억하는 데 더 중점을 두는 것 같았다. 이런 면이 두 나라의 서로 다른 역사와 종교, 정서와 문화를 말해주는 듯했다. 일제 강점기와 6·25 전쟁이라는 어둡고 힘든 여정을 거친 한국 교회의 정서와 오랫동안 평화를 누린 미국 사람들의 정서의 차이는 이 부활절을 통해서도 알 수가 있었다.

부활절 새벽에 우리는 예배에 참석하기 위해 특별한 장소로 이동했다. 자세한 장소와 내용은 기억나지 않지만 산에 큰 십자가를 세우고 그 아래 많은 신자들이 모여 합동 부활절 예배를 보는 것 같았다. 산 위에 세워진 십자가는 골고다 언덕을 상징하는 것이었다. 그날 그곳에 모인 사람들과 함께 부활의 기쁨을 노래했다.

4. 한국계 미국 올림픽 금메달리스트 Dr. Sammy Lee를 만나다

부활절 예배를 마친 후, 고드 부부는 꼭 만나야 할 사람이 있다고 하면서 나를 데리고 근처에 살고 있던 새미 리를 소개해주었다.

새미 리는 미국을 빛낸 유명한 올림픽 금메달리스트였고, 그 동네 이비인후과 의사이자 다이빙 강사로 일하고 있었다. 그의 집은 오렌지 숲으로 둘러 쌓인 정원과 그 가운데 다이빙을 연습할 수 있는 풀이 있는 아름다운 집이었다. 한국계로서는 물론 아시아계 미국인으로서는 처음으로 미국 대표로 올림피언이 되어 미국의 위상을 선양했던 체육인이었다. 그는 어릴 적부터 다이빙에 관심이 많았다. 선수들의 다이빙 시범을 보며 동기를 갖기 시작했고, 인근 지역 수영장에서 스스로 다이빙을 연습하기도 했다. 그러나 아시아계 미국인으로서는 당시만 해도 인종 차별이 심하여 지역 수영장에서 훈련하기가 쉽지 않았다.

<한국계 미국 올림픽 다이빙 금메달리스트 Dr. Sammy Lee>

그래도 그는 그런 상황을 극복하고 1948년과 1952년 올림픽에서 모두 플랫폼 다이빙 종목의 금메달을 획득했다. 미국 최초로 아시아계 미

국인이 올림픽 금메달을 획득했다는 업적 외에도, 그는 아시안 아메리칸 지역 사회의 선구자적 인물이었다.

　아시안 혈통 때문에 그는 다이빙 연습을 하는 동안 온갖 차별과 편견을 마주쳐야만 했다. 그는 1920년 캘리포니아 주 프레즈노에서 태어났는데, 당시는 미국에서 아시안 아메리칸에 대해 인종 차별이 심할 때였다고 했다. 인종 차별 때문에 동네에서 공공 수영장을 사용하는 것을 금지했다. 그는 단지 일주일에 한 번씩 커뮤니티 수영장에서만 물갈이 전에 다이빙 연습을 할 수 있었다고 했다. 그는 서양의 다이빙 방법과 전통적인 아시아 다이빙 기술을 결합한 독특한 다이빙 스타일을 개발했다. 노력과 인내, 그리고 재능을 통해 그는 역사상 최고의 다이버 중 하나가 되었으며, 많은 아시안 아메리칸들에게 영감을 주었다. 그는 올림픽 메달리스트이며 의사로서 이 사회의 선구적인 인물로서 미국은 물론 세상의 모든 어린이들에게 롤 모델이 되었다. 내가 그를 만난 사건은 나에게 큰 행운이었으며, 나는 물론 먼 훗날 나의 자녀들이 어떻게 이 세상을 살아가면 좋은가 하는 지침이 되었다.

　1955년 부활절은 생각지도 못했던 일들이 많았다. 산타아나에서 돌아오면서 나는 살아있는 천사, 고드 부부를 보내주신 부활하신 예수님께 다시 한번 감사의 기도를 드렸다.

5. 귀국길

4점 만점에 3.8점을 받아 우수한 성적으로 해군 교육기관을 졸업하고 귀국 준비를 하고 있었다. 9개월 동안 가족과는 편지로 소통했다. 학교에서는 하루 5불씩의 식대를 지급했는데, 나는 1불 50센트이면 충분히 세 끼를 해결할 수 있었다. 매일 3불 50센트, 한 달에 100불은 저축할 수 있어서 귀국할 때가 되니 모아둔 돈이 꽤 되었다.

귀국할 생각을 하니 가슴이 벅찼다. 그동안 모은 돈으로 식구들을 위해서 선물을 사고 싶어 시어즈(Sears) 백화점에 가서 쇼핑을 했다. 딸을 위해서는 초콜릿을 샀고 아내를 위해서는 150불짜리 밍크코트를 샀다. 백화점을 나오니 옆건물에 커다란 중고 피아노 가게가 있었다. 작은 사이즈의 피아노가 유행할 때여서 큰 사이즈의 중고 피아노가 시중에 꽤 많이 나와 있다고 했다. 처음에는 피아노 사갈 생각은 못 했는데 그때 마침 상륙함인 LST함을 인양받기 위해서 부함장인 동기가 샌디에이고에 와 있었다. 어차피 빈 배인데 피아노를 실어주겠다고 했다. 그 얘기에 고무되어 피아노 두 대를 400불을 주고 사서 배로 보냈다. 딸에게 피아노를 가르치고 싶다는 생각과 장모님께도 한 대 선물해 드리려고 두 대를 사서 보냈던 것이다. 나중에 이 피아노들이 크게 살림 밑천이 될 줄은 몰랐다. 훗날 서울 발령을 받고 두 개 중 하나를 팔아서 전세비를 마련할 수 있었으니 이 모든 것이 사람의 생각으로 된 것이 아니란 생각이 들었다. 이렇게 귀국 준비가 끝나고, 왔던 코스를 통해 무사히 부산 수영 비행장에 도착했다. 진해 장북산은 이미 가을빛으로 접어들고 있었다.

6. 공창 근무

미국에서 귀국하여 시작된 나의 근무지는 진해 공창(현 정비창)이었다. 육상과 해상을 번갈아가면서 근무하는 것이라면 전투함을 탈 차례여야 했는데 뜻밖의 발령이었다. 병기 공장이 새롭게 바뀌어야 한다는 부창장의 명으로 생각과 고민의 시간이 길어졌다. 청사진을 만들고 나서 중요한 인사 조치를 부탁했다. 기계 공장에는 우수한 기술 문관들이 필요했다. 공창이 해군의 대장간 역할 이상이어야 하기 때문에 우수한 인사를 영입해야 한다는 나의 생각은 확고했다. 전자 공장의 문관, 전기 공장의 문관 등을 포함해야 했다. 그런 인사 조치를 요구하니 부창장은 단번에 불가능하다고 했다. 나의 기대를 담아 고민 끝에 만든 계획에 너무 성의 없는 거절이었기에 대위인 나는 대령인 부창장에게 이런 조건이라면 공창 근무를 할 수가 없다고 하며 부창장실을 나왔다. 이것은 분명 항명이었다. 그 계획이 안 된다면 나를 함대로 보내 달라고 말씀드리고 나왔으니 고민이 이만저만이 아니었다. 내가 하늘을 보고 어떻게 해야 합니까? 하며 절망에 빠져 걷고 있는데, 부창장이 내 뒤를 따라 나오며 창장이 급히 나를 찾는다고 했다.

영문을 모르는 나는 즉시 창장 방으로 갔다. 나의 항명에 나 자신도 조금 놀라고 있던 터라 긴장하며 창장 앞으로 갔다. 그런데 창장은 생각지도 않던 말을 했다. 귀관의 의견대로 기술 문관들을 인사 조치해줄 테니, 지금은 급히 부두에 가서 40mm 자동포를 수리하라는 것이었다. 나는 큰 한숨을 쉬고 마음을 가라앉히며 그 방을 나왔다.

이튿날 수리에 착수하였다. 우선 다 타버린 전자 회로판을 교체해야 했다. 보급창에 지원을 요청하고 작업을 하고 있는데, 조금 전에 있다고 했던 보급창 재고 기록과 달리 현물이 없다는 것이었다. 작업을 멈추고 고민에 빠졌다. 부품이 없어서 더 이상 손을 댈 수가 없었다. 고민 끝에 통제부(진해 기지 사령부) 사령관실에 전언을 올렸다. 나는 자초지종을 설명하고 통제부의 권한이던 헌병대를 동원하여 진해 시내에 있는 모든 라디오 수리 가게 즉, 전파상을 수색해 달라고 부탁하였다. 다행히 어떤 가게에서 그 부속품이 나왔다. 우여곡절 끝에 40mm 자동포의 수리를 모두 완료했다. 함대 회의에 참석하고 돌아온 부창장이 일부러 나를 찾아와 고맙다고 격려해주었다. 저녁에 퇴근해서 집에 갔더니 집사람이 부창장께서 선물상자를 보냈다고 했다. 상자에는 죠니 워커 양주 12병이 들어 있었다. 술을 못 마시는 나로서는 늘 우리 부부를 사랑해주던 주위 동상동 관사에 사는 선배들에게 주제넘게 작은 선물로 쓸 수가 있어서 기뻤다. 정확하지 않았던 보급창의 시스템이 많이 아쉬웠다. 당시는 시정되어야 하는 시스템 문제가 여기저기 산재해 있었다.

7. 해군 공창에 병기 공장을 설립하다

내가 바라던 전문가들을 영입하고 공창 병기 공장의 청사진을 완성했다. 문제는 하드웨어만 준비하면 되는 상황이었다. 공장의 설비와 설치 구조 등을 벤치마킹을 하기 위해 미 해군 병기 공장이 있는 하와이로 견학을 떠났다. 미국 해군 고문단 병기 담당자가 하와이 병기 공장의 견학을 추천해주어 미 해군 초청으로 나와 공대 출신 엔지니어 장교를 포함해 두 명이 하와이로 향했다.

1957년 8월에서 10월까지 3개월 간 우리 두 사람은 모든 자료와 시설을 공부하고 습득하여 우리의 조건과 필요를 잘 따져가며 학습과 동시에 공장 설계와 디자인도 함께 새로 만들었다. 그렇게 대한민국 해군에는 이제껏 없었던 공창 병기 수리 공장 완성 준비를 마쳤다. 미 해군의 조선소는 대단했지만 우리에게 꼭 필요한 우리의 공창 병기 수리 공장도 기대가 컸다.

하와이 병기 공장을 벤치마킹을 하여 우리 해군에도 20톤 용량의 천정 크레인을 설치하고 미래 지향적인 병기 수리 공장을 지었다. 당시에는 20톤 크레인이 왜 필요하냐는 반대도 있었다. 큰일을 하다 보면 꼭 반대를 위한 반대가 있기 마련이다. 그들을 설득하기 위해 준비된 내용을 잘 설명했다. 제대로 갖춘 병기 수리 공장을 설립하는 것은 가까운 미래에 구축함도 도입해야 한다는 전제 아래 20톤짜리 크레인을 설치를 해야 한다고 강하게 역설했다. 결국 설계대로 모든 것이 결정되어 공장을 완공했다. 그 후 5인치 포를 갖춘 우리 군함도 많아졌으니 그 반대에 휘말렸었다면 다시 비용과 시간을 크게 낭비할 뻔했다. 나는 소령으로 진급해 1957년 11월부터 1958년 6월까지 병기관으로 공창 근무를 하면서 공창의 완성된 병기 공장을 본 뒤 다시 바다로 나갔다.

8. 당시 한국 해군의 현실

1958년 6월에서 1959년 7월까지 내가 함장으로 근무한 PC 703함에는 수병 70명과 장교 4명이 타고 있었다. 이 배는 사실 미국에서 실습용으로 쓰던 배였다. 레이더도 없고 3인치 포가 하나 달려 있고, 20mm 기관포가 있는 작은 PC(Patrol Craft), 말 그대로 경비정이었다. 인근 해역을 항해하며 남해 서해 동해를 지키는 경비정으로는 많이 부족한 배였다. 그렇지만 대한민국의 바다를 지킨다는 신념으로 불평 없이 최선을 다했다.

당시를 돌이켜보면 서북 5개 도서와 북방 한계선은 남북한의 이해관계가 첨예하게 대립하고 있어 국가 안보 전략과 정책을 지원하는 한국 해군의 전략에 가장 우선적으로 고려되어야 할 중요한 지역이었다.

정전 협정 제2조에서 "서북 5개 도서는 국제 연합군 사령관의 군사 통제 하에 남겨 둔다."라고 합의 명시하였으며 이를 바탕으로 국제 연합군 사령관(유엔군 사령관)은 이의 실효적인 통제를 위해 북방 한계선(NLL)을 설정하였고 한국 해군에 관련 교전 규칙을 시달하였다. 불행하게도 한국 해군은 유엔군 사령관이 공표한 교전 규칙에 의해서 수동적으로 움직일 수밖에 없었던 때였다. 한국 해군은 실질적인 이행 당사자로서 이 해역에서 북방 한계선을 중심으로 유엔군 사령관의 임무(정전 협정 관리) 지원을 위한 해상 작전을 실시해 왔다.

정전 협정을 자주 위반하는 북한의 도발은 계속되었고 유엔사는 이 해역에서 유엔군의 임무 수행을 방해하는 북한의 도발에 대해 실효성 있는 대응 조치를 취하기에는 역부족이었다. 휴전 후, 서북 도서를 방어하고 북방 한계선과 한반도 해양에서 정전 체제 유지를 위해 계속되는 북한의 도발과 싸워왔다. 서해 북방 한계선과 남한의 주변 해안은 북한의 집중적인 도발 대상이었다. 육지에서는 총성이 멎었지만 바다에서는 전쟁이 계속되었던 것이다.

빈번한 어선 납북 사건들이 그 예다. 다행히 내가 해상 근무하는 13개월 동안은 별문제 없이 바다 근무를 무사히 마치고, 중령으로 승진한 후 서울 해군본부 병기감실로 발령을 받았다.

<필자가 함장으로 근무한 PC 703함>

9. 워싱턴 D.C 핵전쟁학과 정보학 교육 과정

서울 해군본부 병기감실 근무 중에, 10개월 동안 미국의 수도 워싱턴 D.C에 있는 미국 해군 무기국에서 핵전쟁학(Study of Nuclear war)과 정보학 등의 트레이닝을 받을 기회가 생겼다.

1945년 미국은 맨해튼 프로젝트로 알려진 대규모 연구 캠페인을 그해 7월 뉴멕시코주 알라모고르도에서 원자폭탄을 최초로 폭발시키면서 시작했다. 원자폭탄 실험이 성공하자 1945년 8월 일본의 히로시마와 나가사키 두 도시에 원자폭탄을 투하했고, 소련도 자체적으로 원자폭탄 개발에 착수했다. 제2차 세계대전이 끝났을 때 미국은 핵무기를 보유한 세계 유일의 초강대국이었다. 하지만 이는 오래가지 못했다. 소련은 스파이 네트워크의 도움을 받아 미국의 핵 기밀을 훔쳐 1949년 자체적으로 원자폭탄 실험에 성공했다. 미국과 소련이 수십 년간 냉전을 겪으면서 적대 관계가 되었다. 양국은 수천 마일 떨어진 상대방의 도시에 도달할 수 있는 지상 기반 대륙간 탄도 미사일뿐만 아니라 전략 폭격기 함대를 증강했다. 결국 잠수함에도 핵미사일을 탑재하여 파괴적인 공격을 더욱 쉽게 수행할 수 있게 만들었다. 그만큼 양국 관계는 더욱 예민해졌다. 당연히 정보국의 행보도 발전하고 빨라져야 했다. 미국으로서는 한국의 지정학적 위치가 군사적, 정보적으로 어느 때보다도 중요하고 필요했다.

지정학적으로 한국을 이용하고 한국 해군을 활용하기 위해서는 한국 해군을 대상으로 한 교육은 핵냉전 시대를 맞이한 미국으로서는 당연한 것이었다. 당장은 아니더라도 미래를 위해서라도 한국 해군에게 핵전술에 관한 학문을 가르치는 것은 매우 중요하다고 생각했을 것이다. 결국 미국과 소련은 교착 상태에 빠졌다. 양국은 상호 확증 파괴 전략을 구사했는데, 기본적으로 한 국가가 기습 공격에 성공해 수백만 명을 죽이고 광범위한 파괴를 일으키더라도 다른 국가는 반격할 수 있는 충분한 무기가 남아 있어 똑같이 잔인한 보복을 가할 수 있다는 것이었다. 그러니 정보전은 핵무기 발전만큼이나 중요한 전술적 무기일 수밖에 없었다.

　대한민국 해군 중령이 그 짧은 10개월 동안 얼마나 많은 것을 배웠겠는가, 나는 핵무기 관련 정보와 핵전쟁 위험성에 관한 기초 지식과 더불어 핵전쟁 관련 정보의 중요성을 이해하는 정도에서 아쉬움만을 뒤로 하고 돌아와야 했다.

10. 두 개의 얼굴 미국

10개월 만에 워싱턴 D.C 연수를 마치고 귀국길에 올랐다. 나는 비행기를 타고 샌프란시스코로 이동하는 것보다 그레이하운드로 미국 남부를 돌아 대륙 횡단을 해보고 싶었다. 큰 대륙을 볼 수 있는 좋은 기회라고 생각했다.

1960년 당시 미국은 인종 차별주의가 남아 있던 터라 사회적으로 저항 의식이 들끓었던 격동기였다. 미국은 대외적으로는 자유 수호자였지만 내적으로는 인종 차별 문제로 뜨거웠던 시대였다. 워싱턴을 떠난 그레이하운드가 남으로 내려갈수록 흑인에 대한 차별이 눈에 띄게 심했다. 남북전쟁 후 노예제도는 폐지되었지만, 100년이 지난 1960년대에도 흑인들은 사회적, 경제적, 정치적 억압을 받고 있었다. 당시만 해도 미국의 남부에서는 짐 크로 법(Jim Crow laws)이란 인종 차별법이 시행되고 있었다. 이 법은 남부 지역 공공기관에서 합법적으로 인종 간 분리를 허용했다. "분리되었지만 평등하다"(separate but equal)는 규정 때문에 흑인들은 백인들보다 경제적 지위, 교육, 주거, 사회 보장 등 여러 분야에서 불평등한 대우를 받았다. 미국 남부에서는 흑백의 분리가 합법화되었다. 북부에서도 강도는 약했지만 보이지 않는 인종 차별은 존재했다. 버스를 타면 우리 일행은 어디에 앉아야 하는지 몰라 두리번거릴 수밖에 없었다. 그때마다 흑인 버스 운전자는 우리에게 앞자리에 앉으라고 했다. 우리가 해군 장교 정복을 입고 있어서 그랬을 것이라는 생각을 잠깐 했다. 화장실 식당 식수대에서도 흑인과 백인을 구분했다. 우리 일행은 화장실도 백인이 들어가는 화장실을 이용했고 식당도 백인들 식당을 이용했지만 아무도 뭐라고 하는 사람이 없었다.

시간이 가면서 처음보다 자연스러워졌던 것으로 기억한다.

끝이 없는 거대한 땅을 보았고, 들판마다 기름을 파 올리는 광경들을 보면서 많이 부러웠다. 세계 최강국인 미국은 그 풍요로움에 있어 다른 나라들과는 격이 많이 다른 우월한 국가였다. 적어도 내 기억 속에는 그때가 미국의 최전성기가 아니었을까 생각한다. 한 국가이기보다는 세계의 한 축을 지배하는 중요한 정치·외교·경제적으로, 전능한 역할을 하고 있었으니 말이다. 그 후로 온 세계가 조금씩 그 격차가 줄어든 것은 고무적인 일이었다. 지금의 한국의 위상이 여기까지 온 것도 그 한 예일 것이다.

2016년 도날드 트럼프가 미국 대통령이 되던 때의 캠페인이 기억난다. "Make America Great Again." 한국에 돌아와 사는 나로서는 듣기에도 참으로 위험한 캠페인이었다. 비록 자국 국민들에게는 공감을 불러일으켜 그가 결국 대통령이 되었지만, 그 말이 나에게는 조금도 멋지게 들리지 않았다. 절대 그렇게 되어서는 안 되는 독선적이고 이기적인 얘기로 들렸으니 말이다. 그 캠페인은 당시 1961년 내가 보았던 미국을 떠오르게 했다. 2차 세계대전이 끝나고 미소 간의 냉전이 심했던 당시 미국은 독보적인 자기 진영의 최고의 세력으로 경쟁적인 개발과 성장 속에서 우방 세력의 팽창에 광분하고 있을 때였다. 미국은 그야말로 유일무이한 대국이었다.

며칠을 운전수만 바꾸며 달린 그레이하운드가 샌디에이고에 도착했다. 당시 내가 본 미국은 밖으로는 냉전을 겪고, 안으로는 인종 차별 문제로 아픔을 품고 있었지만, 그럼에도 최고의 부와 권력을 행사하는 그런 나라였다. 나는 많은 것을 보고 느꼈고 버스에서 잠을 자며 쉬지 않고 달려온 대륙 횡단의 여정을 무사히 마쳤다. 미국에 대한 많은 생각을 할 수 있었던 귀한 여행이었다.

4부
격동의 시기

1. 격동의 시기

서울로 돌아와 귀국 보고를 마치고 나니 진해 고등 군사반으로 발령이 났다. 당시 고등 군사반에서는 주로 대한민국 헌법을 배웠다. 그러던 중 5·16 군사 혁명(당시에는 혁명이라고 했음)을 맞이했고, 같은 해 5월부터 8월까지 군산과 장항 해무청에서 근무했다. 당시만 해도 군인들이 지방 공무원들과 결탁한 비리들이 곳곳에 깊숙이 자리하고 있었다.

군사 정부의 일을 마치고 PF 63함 부장으로 10개월을 보낸 후, 1962년 9월부터 1963년 6월까지 해군 대학에서 근무했다. 1963년 7월부터 1965년 3월까지 20개월 동안은 수색에 있는 합동 참모 대학에서 해군학을 가르치는 교수로 복무했다. 나는 *JAMES FIGHTING SHIP*이라는 영국책을 번역하고 슬라이드로 군함을 소개하며 입체적으로 강의했다. 육군이나 공군으로서는 지루할 수 있는 해군학 과목을 시청각 교육으로 흥미롭게 이끌어나갔다. 인기 강의로 지목된 해군학 강의로 군의 수강생들로부터 그 후에도 감사 인사를 많이 받았다.

해군학 교수를 마치고 진해 해군 통제부 군수 참모(1965.03~1965.09)로 있을 때의 얘기다. 진해 근교 산에 있던 소나무들이 오배자충에 감염되어 벌목을 하기로 결정했다는 소식이 들려왔다. 시골 출신인 나의 상식으로는 의심의 여지가 있어서 반대했다. 좀 더 자세한 객관적 검사를 거쳐야 한다고 생각해 샘플을 들고 수원에 있는 서울 대학교 농대 연구소에 의뢰를 했다. 그 결과, 벌목은 불필요하다고 판명이 났다. 하지만 이미 벌목을 염두에 두고 예산을 편성했던 터라 수입 예산에 착오가 생겨 서울을 몇 번이나 왕래하며 예산 변경 신청을 해야 했다. 그때 모두 벌목했더라면 지금 진해 주위에 소나무는 한 그루도 존재하지 않았을 것이다.

2. 베트남 파병 소식과 아내의 신앙

우여곡절이 많았던 해군 통제부 군수 참모를 마치고, 한창이던 베트남 전쟁에 참전하게 되었다. 나는 사이공 주월 한국군 사령부로 발령을 받았다. 합참 대학에서 나에게 해군학을 배웠던 제자 중에 주월 한국군 사령부에 파견나가 있던 대령 한 명이 채명신 장군께 나를 주월 한국군 해군 작전 참모로 추천한 것이었다. 당시 타군의 작전 참모는 육군 대령들이었다. 해군 중령이었던 나에게는 작전 참모 직분이 특별한 경우였다. 나는 발령을 받은 즉시 L19 육군 수송기에 몸을 실었다. 그때부터 나는 주월 한국군 사령부의 명령을 받는 입장이었다. 진해를 떠난 비행기는 여의도 비행장에 도착하였고 나를 마중 나온 육군 고위급 장교들과 한 팀이 되어 작전 명령을 수행했다.

아내와 식구들에게 이 상황을 설명하는 일은 참으로 힘든 일이었다. 아내에게 이 소식을 전했는데 의외로 차분했던 아내의 모습이 지금도 잊히지가 않는다. 현명했던 아내는 전쟁터에 나가는 남편에게 어떤 모습을 보여야 하는지 연습이라도 한 듯, 연약한 여자였지만 네 아이를 키우는 강한 어머니의 모습으로 남편의 마음을 안심시켰다. 6·25를 통해 전쟁을 이미 겪어본 아내로서는 쉽게 지나갈 수 없는 상황이었을 것이다. 믿음이 성숙했던 아내는 나에게 오히려 큰 용기와 믿음을 갖게 했다.

나중에 베트남에서 돌아와 들은 이야기지만 내가 파월 소식을 전하기 전에 동네 사람들로부터 끔찍한 얘기를 들었다는 것이다. 식구들이 살던 서울 약수동 집은 이사 온 지 얼마 안 된 집이었다. 내가 진해에서 주로 근무하다 보니 아내가 학교에 다니는 아이들을 돌보며 모든 살림을 도맡아 하였다. 집을 이사하는 것도 아내가 계약을 하고 중도금과 잔금도 치렀다. 그런 가운데 내가 나중에 알게 된 얘기가 있었다. 어떤 집이 너무 싸서 아내가 그 집을 샀는데, 그 집이 무당집이었다는 것이다. 동네 사람들의 얘기가 그 집은 오래전에 절이 있던 터였고, 기가 센 곳이라 일 년에 한 번씩은 굿을 해야 한다고 했단다. 안 그러면 호주가 병이 들거나 사고가 나서 죽은 적도 있었다는 것이다. 그런 얘기를 주위 사람들에게 듣고 있을 즈음에 내가 베트남 전쟁에 파병된다는 소식을 듣게 된 것이다. 지금 생각하면 아내는 그 모든 상황과 기우를 신앙심으로 이겨내고 있었다. 그 집으로 이사 오던 날, 아내가 집안의 모든 부적과 이상한 그림들 그리고 무당이 남기고 간 물건들을 마당 한가운데 모아놓고 불로 태웠더니, 그 광경을 본 이웃 사람들이 많은 염려했다고 했다. 젊은 여자가 겁도 없이 어떻게 모든 화를 겪으려고 하냐며 걱정할 때, "주 예수를 믿으라. 그리하면 너와 네 집이 구원을 얻으리라." 사도행전 말씀을 전하며 그들을 전도했다고 했다. 내가 건강히 전쟁에서 아무런 일 없이 돌아오니 많은 동네 사람들이 예수를 믿고 크리스찬이 되었다. 베트남 전쟁은 우리 가정에 더 깊은 신앙을 가져다주는 계기가 되었고, 이 사실은 신앙 간증으로 남아 있다.

3. 베트남 전쟁

베트남은 생각보다 덥고 습기가 많은 곳이었다. 시원한 승전보가 사령부 작전 참모실에 매일 브리핑으로 올라왔다. 청룡과 맹호 부대는 경쟁을 하는 듯 승전보를 전해 왔다. 하지만 아군의 피해를 보고받을 땐 우리 모두 견디기 힘들었다.

베트남 전쟁은 냉전 중이던 미국과 소련 두 나라의 대리전이었다. 사실 베트남의 내전에 미국이 개입하기까지 많은 후문이 있었다. 결국은 속담 그대로 고래 싸움에 새우 등 터지는 것이 베트남 전쟁의 불편한 진실이었다. 북부 베트남(공산 진영)은 소련의 지원을 받고 남부 베트남(자유 진영)은 미국의 지원을 받아 전쟁이 치열해지자 미국의 우방이었던 한국군의 파병이 이루어진 것이었다.

한국군의 베트남 파병은 조약상의 의무에서 비롯된 것은 아니었다. '자유 우방에 대한 신의'라는 명분에서 시작되었다. 또한 당시의 시각에서 볼 때 베트남 전쟁은 한반도의 안보와 경제 발전과도 직결되는 것이었다. 한국 정부가 국내외적으로 여러 가지로 어려운 상황에서 결정한 국가의 생존 및 경제 발전 전략으로서 역사의 큰 획을 긋는 중요한 사건이었다.

세간에는 베트남 파병 용사를 용병이라고 부르는 사람들이 많다. 용병이란 말은 역사적 의의를 깎아내리는 자아의식이 부족한 모멸적인 편견이라고 생각한다. 베트남 파병 용사는 국가의 명령을 받들어 목숨을 걸고 전쟁에 참여해서 무사히 근무를 마치고 돌아온 참전 유공자이다.

귀국길에 승선하기 위해 병사들이 군용 더플백을 들고 항구 검사대를 통과하는 과정에서 벌어진 해프닝이 있었다. 배를 타기 전에 위험물이 있는지를 검사하기도 하고 혹시라도 가져가면 안 되는 것들이 들어 있는지 검사하는 과정이었다. 한 병사의 군사용 더플백에서 베트남 쌀이 쏟아져 나왔다. 놀란 미국 검사관이 이것이 뭐냐고 묻자 고국 시골에 있는 식구들은 밥 세끼 먹기가 힘들다고 하면서 선물로 가져가는 것이라고 했다. 이 얘기를 들은 채명신 사령관은 그 병사에게 TV와 카메라를 줘서 보내라고 지시를 했다. 이를 지켜보던 모든 이들의 마음을 먹먹하게 만든 에피소드였다.

그만큼 가난했던 나라가 경제 발전을 이루고 국가 안보와 맞물린 국익을 위한 박정희 대통령의 선택이었던 점은 부인할 수가 없다. 아무것도 없던 나라에서 빠른 시일에 안보와 경제를 함께 엮어 나갈 방법은 그 누가 대통령을 했어도 어려운 결정이었고, 당시로서는 선택의 여지가 없었다.

〈배트남 전쟁 파병 환송식 부산항 광경〉

4. 항명

'군 형법 제44조(항명) 상관의 정당한 명령에 반항하거나 복종하지 아니 한 사람은 다음 각 호의 구분에 따라 처벌한다.'

항명은 군대 조직에서 가장 큰 범죄의 하나이다. 특히 전쟁 시에는 너무나도 큰 범죄가 될 수 있다. 사건의 발단은 베트남의 퀴논과 나트랑 사이에 육군을 상륙시키려는 작전이 하달되었을 때였다. 이미 작전은 하달되었는데, 해군 작전 참모였던 내가 상부 명령에 이의를 제기하면서 문제가 커졌다. 그것이 발전해 군작전 명령을 거부하는 항명 사건으로까지 커져버렸다. 같은 이슈도 보는 방향에 따라 이해의 폭이 다르고, 혹여 개인의 사심이라도 포함되어 있다면 민감한 자존심 문제가 되기도 한다. 어떤 관점에서 보느냐, 누가 보느냐에 따라서 사건이 확대 해석되기도 한다. 세상의 모든 결정이 그렇듯이 논리와 현실은 득과 실이라는 냉정한 결과에 무게를 두어야 하기 때문에 결정을 내리기 위해서는 원칙이라는 프로토콜이 꼭 필요하다.

그 당시 상황과 해군 작전 참모로서 나의 생각은 이러했다. 원활한 상륙 작전을 위해서는 해군 작전이 먼저 진행되어야 하는데, 나는 그 작전이 해군이 배제된 작전이므로 그대로 수행해서는 안 된다고 생각했다. 그런데 이 의견이 와전되어 항명으로 발전된 것이었다.

모든 것에는 정답이 하나만 있는 것은 아니다. 군대가 명령과 복종이라는 무조건적인 관계라고 생각하지만 조직이 있고 시스템이 있는 이유는 합리적인 결정에 그것들이 도움을 주기 때문이다. 인명이 달려 있는 전쟁 속의 작전이기에 더욱 합리적이고 논리적인 판단이 필요한 것이다. 나는 득과 실은 인명 우선의 득과 실이지 급한 성취가 우선이 되어서는 안 된다고 생각했다. 해군이 나를 주월 사령부에 작전 참모로 합류시킨 이유도 "해군의 컨설팅이 필요하기 때문이 아니었겠는가?" 하는 생각에서 작전에 이의를 제기했다. 전쟁의 꽃은 성과다. 그래서 도박처럼 무례할 수도 있다. 앞다투어 성과를 올리려는 욕심도 있을 수 있다. 그러나 논리적이지 못한 명령은 고쳐야 하는 것이 나의 임무라고 믿었다. 결국 나는 군법 회의에 제소되는 난처한 상황을 맞이했다.

해군학이란 해군을 공부하는 단순 기초 과목이 아니다. 논리적이고 합리적인 전술을 만들기 위한 기초 과정이다. 경제학에 미시 경제와 거시 경제가 있듯이, 해군학도 전시에 최소의 피해로 최대의 결과를 얻어내는 것을 거시적으로 다루기도 하고 미시적으로도 다룬다. 해군학도 전쟁을 승리로 연결시키고 아군의 피해를 극소화시키는 효율적인 작전을 펼치기 위해 배우는 기초 학문이다.

바로 그때였다. 합참 대학에서 나에게 해군학을 배운 육군 대령 한 분이 나의 생각을 잘 대변해주었다. 그분의 설명으로 이 사건은 잘 마무리되었다. 상륙 작전이란 단순히 상륙선을 대고 군대를 푸는 것이 아니다. 작전을 성공적으로 이끌기 위해서는 해군의 사전 준비가 철저히 진행되어야 한다는 것을 논리적으로 잘 설명했다. 상륙 작전을 할 때는 상륙할 곳의 지뢰 점검과 제거를 우선적으로 실시해야 하는데, 그러기 위해서는 UDT의 역할이 필요하고 선상에서의 엄포 사격이 있어야 아군의 피해를 줄일 수 있다면서 그분은 내가 가르친 그대로 설명했다.

결국 그 작전은 취소되었고, 나중에 안 사실이지만 그곳에는 많은 지뢰와 위험이 도사리고 있었다.

5. 파월 장병에게 베트남어 교육 시작

주월 한국군 사령부에서 민간 작전의 일환으로 기획한 프로젝트 중에 내가 담당했던 프로그램은 파월 장병들에게 베트남어를 속성으로 가르치는 프로그램을 만드는 것이었다. 한국군 사령부는 한국군의 파병 규모가 증가함에 따라 현지에서의 임무 수행도 환자 진료, 태권도 지도, 비행장 경비 등의 단순 임무에서 점점 커져 전술 책임 지역(TAOR)을 담당하는 업무로까지 넓어졌다. 작전의 형태도 다양화되면서 현지 언어의 습득과 활용은 다른 전술적 능력만큼 중요한 문제가 되었다. 초기에 파병되었던 참전자들이 직면했던 베트남 현지에서의 언어 장벽 문제도 한국군이 언어 교육에 관심을 가진 중요한 배경이었다.

파병 전 베트남어에 대한 교육이 부족했던 것은 충분하지 않았던 파병 준비 기간 때문이기도 했다. 제한된 파병 준비 기간에 언어보다는 베트콩의 전술과 그에 대한 대응 훈련 등을 연마하는 것이 더 중요했던 것이다. 또 베트남어를 가르칠 만한 교사도 충분히 확보되지 못했던 것도 사실이다.

나는 이 프로젝트를 진행하라는 명령을 받고 먼저 대위급 장교들을 대상으로 의무적인 언어 교육 과정을 시작했다. 교실은 베트남 부대 안에 있던 언어 학교 시설을 이용했다. 이 시설과 경비는 베트남군이 지원했던 것으로 기억한다. 육군 소령 한 명을 실무자로 학교에 파견하고 교포 중에서 베트남어를 가르칠 수 있는 교사를 급히 모집했다. 1956년 한국은 베트남과 국교를 맺고 양 정상이 서로 방문하여 양국이 다양한 교류를 시도하고 있기는 했지만 베트남어는 쉽게 배울 수 있는 언어가 아니었다. 베트남어를 가르치는 기관이나 인력도 부족한 상태라서 교육을 담당할 교사를 구하는 것도 쉬운 일이 아니었다.

현지 언어에 대한 습득과 활용은 전투 기술 못지않게 중요하다. 특히 베트남처럼 장기적으로 전쟁을 하는 상황에서 한국군 사령부 작전참모에게는 민간 작전도 군사 작전만큼이나 매우 중요한 일이었다.

6. 승자 없는 전쟁

6·25 전쟁과 베트남 전쟁은 많이 닮았다. 이 두 전쟁은 시기적으로 20세기에 일어난 두 차례의 세계대전 후에 시작된 냉전 시대가 만든 이념 전쟁이었다. 미국 등 서방 국가의 지원을 받는 자유민주주의 체제의 대한민국 및 월남(남베트남)이 소련과 중국 등 공산주의 국가의 지원을 받는 공산주의 체제의 북한 및 월맹(북베트남)과 자국의 영토에서 싸운 이념 전쟁이었다. 한쪽은 자유 수호, 한쪽은 인민 해방이라는 캠페인 아래 냉전 중인 미국과 소련을 등에 업고 이념과 체제를 달리해 벌어진 대리전쟁이었다.

베트남 전쟁은 한 가족들 간에도 이념이 달라 아버지는 베트남군, 아들은 베트콩으로 싸우는 경우가 많았다. 그래서 진압이 평정된 구역이라 하더라도 한시도 마음을 놓을 수 없었다. 민간인들 중에 누가 갑자기 베트콩으로 돌변해 공격해올지 모르기 때문이었다. 베트콩들은 야자나무 꼭대기나 숲속에 숨어 있다가 지나가는 아군을 급습한다. 함께 행군하던 아군들은 동료가 1명이라도 피를 토하며 죽는 모습을 보면 젊은 병사들의 눈에 살기가 서린다. 이성을 잃지 않을 수 없다. 그러면 베트콩과의 치열한 전투가 전개되어 많은 희생자가 나오기 마련이다.

누구를 위하여 목숨을 바친다는 말인가? 희생에 대한 대가는 무엇이며 어떤 보상이 목숨에 상응할 수 있는가? 전쟁은 인간이 이룬 모든 것을 일순간에 폐허로 만드는 악 중의 악이다. 전쟁은 절대 일어나지 말아야 한다.

전쟁에는 절대 승자가 없다.

7. 파월 용사의 집

〈파월 용사의 집〉. 대문에 이런 팻말을 붙인 집들이 있었다. 정부는 그 집의 가장이나 아들이 전쟁터로 나가면 이런 팻말을 붙여주었다. 과연 그 팻말이 가족들에게 위로가 되었을까? 정말 자랑스럽게 생각하며 들어오고 나갈 때마다 보는 문패의 팻말이 큰 의미를 주었을까? 그것을 볼 때마다 파월 용사의 식구들은 마음이 불안하고 하루 하루가 무사하기만을 바랐을 것이다.

당시 파월 용사의 집에는 특혜를 주었다. 1960년에서 1970년대에는 수요가 밀려 한참을 기다려야 했던 전화 설치도 우선 순위로 해주고 민원이 있을 때도 먼저 해결해주었다. 한번은 이런 일도 있었다. 아이들은 커가고 집이 작아 마당의 유리 온상을 부수고 그곳에 방을 하나 더 늘리는 증축 공사를 할 때였다.

공사를 거의 다 마쳐갈 때였는데, 구청 직원이 방문하여 불법 공사라며 딱지 한 장을 주고 갔다. 불법 증축이니 벌금을 물고 증축한 부분은 모두 허물라는 내용이었다. 다 지어 놓은 걸 어떻게 부수란 말인가? 온상이 있던 내 땅에 내 집을 증축하는 데도 관공서의 사전 허가를 받아야 한다는 것을 몰랐던 것이다. 나는 난감했다. 구청에 전화해서 사정을 얘기하는 가운데 군인의 집이고 파월 용사의 집이라는 말이 나오자, 높은 책임자에게서 전화가 왔다. 다시 방문해서 문제점이 있는지 확인해보고 특별히 위험한 사항이 없으면 허가를 내주겠다고 했다.

그만큼 당시에는 파월 장병들에 대한 동정이었는지 특혜였는지 정부가 도와주려고 했다. 그후 검사관이 와서 간단한 검사를 하고 난 후, 뒤늦게 공사를 승인받고 증축 허가서가 발부된 적이 있었다. 그뿐만 아니다. 당시에는 폭우가 오고 나면 길이 패인 부분들도 많이 생기곤 했는데 그때마다 길 정리도 빨리 와서 해주었던 기억이 있다. 이렇듯 사회는 파월 장병 가족들에게는 편의를 제공했던 기억이 난다.

<파월 용사의 집 문패>

8. 하얀 상자

　전쟁의 기억은 찌는 듯했던 더위처럼 뜨겁게 남아 지금도 식질 않는다. 무엇을 위한, 누구를 위한 전쟁이란 말인가? 낮에는 아군이 되고 밤에는 적군이 되는 전쟁은 누가 피해자이고 누가 가해자인가? 살기 위한 것이 목적이라면 그 의미 없는 죽음은 누가 어떻게 보상할 수 있을까? 전쟁은 국민 누구의 잘못도 아니고 누구의 죄 때문도 아니다. 죽음은 되돌릴 수 없고 죽음의 현장은 없었던 일이 될 수 없다. 베트남 전쟁은 봉합될 수 없는 상처 때문에 더위에 점점 더 썩어 들어갈 것 같았다. 그런 베트남 전쟁을 뒤로 하고 나는 귀국길에 올랐다.
　베트남 전쟁은 많은 국군 희생자들을 만들었지만, 국영방송에서는 승전보를 방송하며 파월 용사들을 영웅화하는 데 여념이 없었다. 그러나 내 마음속에는 살아 돌아온 사람으로서 늘 미안함과 감사함이 교차했다. 함께 타고 온 비행기에 실려 있던 첩첩이 쌓인 하얀 상자들을 생각하면 아직도 마음이 먹먹해진다. 젊은 청춘들이 낯선 곳에서 국가를 위해 전쟁을 하다가 그 하얀 상자 속 한줌의 재가 되었다는 것이 너무도 통탄스럽다. 그 영혼들이 아직도 이 나라를 지켜주고 있다는 생각을 하며 늘 빚진 마음으로 살고 있다.

5부
길

1. 군인의 길

 최근 여행 중 아들과 어느 시인이 노래한 〈가지 않은 길〉에 대해 얘기한 적이 있다. 선택의 갈림길을, 고민하고 때로는 방황하는 인생의 여정에 비유한 로버트 프로스트의 시였다. 공감이 가는 그 시를 화두로 우리 부자는 가지 않은 길에 대한 미련과 아쉬움에 관해 많은 대화를 나누었다. 아버지와 아들이 어느 시점엔가 한 번쯤 함께 나누어볼 만한 진지한 대화였다.
 내가 지나온 길은 군인의 길이다. 그 길은 미련과 아쉬움의 길이 아니다. 그 길은 명령의 길이고 복종의 길이다. 제복을 가장 소중히 하고 자랑스럽게 생각해야 하는, 조국의 뜻에 토를 달지 않고 최선을 다해 따라야 하는 군인의 길이다. 선택이 많던 길과는 매우 달랐다. 가보지 않은 길에 대한 미련은 낭만적인 상상일 뿐이었다.
 당시는 군인 출신이 대통령을 하고 정치를 하던 시대였다. 그들은 명령과 복종에 익숙했던 사람들이다. 그런 분들이 평범한 국민을 대표해서 정치를 한다는 것은 쉬운 일이 아니었을 것이고 그것을 받아들이는 국민들 또한 쉬운 일은 아니었을 것이다. 그러나 국가의 미래를 위해서 득과 실을 따져 볼 필요는 있다.
 군인인 아버지와 그의 자녀들은 융합하기 힘든 관계이다. 전후에는 먹고사는 것이 가장 중요했다. 그러나 시간이 지나면서 점점 바뀌고 있었다. 알게 모르게 선민주화냐 선산업화냐의 대립이 점점 커지고 있던 때였다. 베트남 파병 후 경제가 좋아지던 우리나라는 민주화보다는 산업화가 급선무였다. 나라뿐만 아니라 아이들이 커가자 우리 가족도 변화가 필요했다. 늘 대한민국이 전쟁을 치르는 것처럼 사는 아버지와 평범한 자녀들 간의 마찰 역시 무시 못할 일이었다. 가장이 군인이라고 자식들도 군인처럼 살게 할 수는 없었다.

  베트남에서 귀국한 후, 나는 대령으로 진급했고 해군본부 함정 차감으로 발령을 받았다. 서울에 올라와 모처럼 가족들과 함께 시간을 보냈다. 아이들은 어느새 잘 성장해 있었고, 나는 아이들과 그 아이들을 잘 키워준 아내가 고맙기만 했다. 군인에게 가족과의 상봉은 며칠 안 가는 활짝 핀 꽃과 같다. 그 아름다움을 채 느끼지도 못하고 또 다음 발령지로 떠나거나, 오랜만에 만난 가족들과 다른 문화적인 차이에서 오는 낯설고 어려운 적응 기간으로 돌입해야 했다.

  아이들은 똑똑하고 현명하게 잘 자라고 있었다. 전혀 몰랐던 아이들의 교육 과정 그리고 부모의 관심과 도움이 늘 필요한 아이들의 뒷일을 혼자 감당했던 아내에게는 미안한 감정과 감사한 마음만 쌓여갔다. 군대라는 조직은 늘 명령과 복종이라는 일관성이 있었지만 그것과 자유분방하게 자라나는 아이들의 열린 교육 사이에는 적지 않은 마찰이 있었다. 아이들은 나를 보면 긴장했고, 많이 어려워했던 것 같다. 나 역시 그랬다. 어린 나이에 부모 없이 자란 아이들이 대견했고, 가장이 부재하는 가정에서 스스로 부족함을 느낄 때도 많았다. 아내의 헌신과 아버지 없이 잘 커준 아이들에게 고마울수록 나의 마음은 더 무거워져만 갔다. 서울 해군본부의 함성 차감으로서 생활을 하며 아이늘과 함께 살았던 시간들은 매우 소중했다. 1967년 1월 함정 차감에서 본부 기자 사령을 거쳐 1970년 병기 탄약창으로 발령받기까지 3년 동안 처음으로, 자라나는 아이들을 보며 아내와 함께 온전한 식구가 되어 한솥밥을 먹었다.

그 후 고민은 더욱 짙어갔다. 그 고민은 아버지로서, 남편으로서 나의 존재에 대한 고민이었다. 조국을 위해 명령에 따르고 복종하는 군인의 삶만큼 내 가족을 잘 지키고, 아이들을 대한민국에 도움이 되는 필요한 사람으로 잘 키우는 것도 중요하다는 생각을 하게 되었다. 미래의 진로를 포함하여 이런저런 생각을 하는 동안에도 군 생활은 성실하게 할 수밖에 없었다. 나는 그 후로도 진해 병기 탄약창 창장으로 2년 근무했고, 다시 서울 본부로 발령을 받아 본부 군수 차장으로 지내던 중, 1972년 11월 2일 대한민국 해군 대령으로 퇴역했다.

2. 또 다른 시작

　퇴역의 의미는 큰 변화의 알림이었고, 자식들의 미래를 염려하는 아버지로서 큰 다짐이었다. 큰딸은 연세 대학교로, 둘째딸은 이화 여고로, 아들은 성동 중학교로 진학했고 모두 자기 생활에 바쁜, 진지한 학생들이 되어 있었다. 국민학교에 다니던 늦둥이 막내딸이 나의 퇴역을 가장 기뻐했던 것 같다. 막내딸은 주말 이른 아침에 강아지를 데리고 남들처럼 온가족이 함께 남산 약수터에 오르는 것을 무척 즐거워했다. 행복했던 그 시간들을 생각하면 아직도 그 장면들이 눈에 삼삼하다.
　나는 아이들에게 하고 싶은 만큼 마음껏 공부할 기회를 주고 싶었다. 미국에 갈 때마다 그 나라의 교육 제도에 관심이 많았다. 내가 만나는 사람들에게 묻고 들은 것들 가운데 미국은 돈이 없어도 공부할 기회가 얼마든지 있다는 것이었다. 본인들만 원하면 원하는 만큼 공부할 수 있는 곳이라는 의미였다. 미국의 합리적인 교육 방법에 관한 얘기를 들을 때마다 아이들을 그곳에서 교육시키고 싶었다. 나의 경제 능력으로는 아이들을 미국에 유학 보낼 처지는 못되었고, 일할 수 있는 기회가 주어진다면 제대 후 미국으로 이민을 가고 싶었다. 그러던 중 기회가 찾아왔다.
　당시에는 국가에서 수출을 장려했기 때문에 미국에 상품을 수출하는 회사는 상용 여권과 비자를 쉽게 얻을 수 있었다. 언어도 크게 문제가 되지 않았고 몇 번 공부하러 갔던 경험이 큰 용기가 되었다. 절친한 친구의 도움을 받아 미국으로 향했다.
　퇴역은 큰 모험이었다. 당시 퇴역한 해군 대령들은 대부분 외양선의 선장이 되었다. 배를 운전하는 일과 달리 새로운 일을 하기 위한 취업이나 창업은 적극적인 의지와 많은 노력이 필요했다. 당시만 해도 제대 군인들을 위해 마련된 제도는 딱히 없었다. 정부의 지원이 있다고 해도 본인의 의지와 노력 없이는 결실을 맺기 어려웠다. 전역을 앞둔 군인들은 적극적인 의지를 갖고 새로운 세상에서의 출발을 위해 아주 현실적이고 실질적인 준비를 해야 했다. 나는 아이들의 교육과 미래에만 전념하기로 했다. 편하게 오라는 곳도 여러 곳 있었으나 오래전에 만났던 고드 씨 가족을 만나고 올림픽 메달리스트인 새미 리를 만났던 곳이 가장 마음에 끌렸다. 그 외에도 미국에서 만났던 사람들로부터 가장 많이 들었던 아메리칸 드림(American Dream)은 나에게 큰 희망이 되었다. 아메리칸 드림을 간단하게 요약하면 태어난 곳이나 계층에 관계없이 스스로 노력만 하면 누구나 상향 이동이 가능한 사회에서 성공할 수 있다는 믿음이었다. 아메리칸 드림은 피부색, 종교, 국적에 관계없이 누구나 이룰 수 있는 꿈이었으므로 미국인의 입장에서 보면 이방인인 나에게는 더 매력적으로 다가왔다. 아메리칸 드림은 일확천금이나 우연이 아니라 희생, 위험 감수, 노력을 통해 달성할 수 있다는 믿음이었다. 적어도 노력한 만큼의 결과가 보장된다는 생각이 무엇보다도 큰 용기가 되었다.

3. 이민의 길

1973년 어린이날은 내가 미국으로 떠난 날이다. 여러 번 갔던 미국이었지만 그때와는 전혀 다른 느낌이었다. 부산 수영 비행장이 아니어서였을까? 입고 있는 옷이 해군 정복이 아니어서였을까? 이 어색함과 긴장감에는 묘한 기대와 초조함이 섞여 있었다. 돌아올 기간이 정해 있거나 계획이 분명한 여행이 아니었다. 도움을 주겠다는 친구들이 있었지만 크게 기대는 안 하고 떠나는 이민의 길이었다. 오랜 군복무 기간 동안 많은 것을 배웠고 정신과 몸은 어떤 시련도 마다하지 않을 정도일지는 모르나 가족들을 위하여 미래를 개척해야 하는 책임은 예사롭지가 않았다. 미국은 분명 나에게 오랫동안 좋은 기억을 심어주었으니 매사에 성실하기만 하면 길이 보일 것이라는 막연한 믿음과 얼마 안 되는 자금을 갖고 떠나는 길이었다.

친구 회사의 상용 여권과 비자를 들고 떠나는, 외관상 사업을 하러 떠나는 길이었지만 정확하게 말하면 위장 이민과 다를 바 없었다. 크게 사업을 하는 친구가 LA에서 나를 기다리고 있었으나 사실 나는 아이들의 교육을 위해 동부로 가고 싶었다. 그런 속마음을 간직한 나는 나를 배웅 나온 가족들과 공항에서 이별을 해야 하는 순간을 맞이했다. 아내와 가족들은 내 속마음도 모르고 수출하는 친구 회사의 지사 대표로 가는 정도로만 알고 있었다. 그랬기에 더 긴장했다. 우주선에 타는 우주인도 이렇게는 긴장하지 않을 것 같았다. 우수도 아닌 미국에 내 나라 국적기를 타고 가는 길임에도 불구하고 내 몸은 앞으로 벌어질 나의 미래를 이미 알고 한껏 긴장하는 듯했다.

그때 마침 섬기던 교회 담임 목사님이 공항까지 나와서 환송 설교와 축복 기도를 해주었다. 그날 해준 말씀이 우연의 일치였는지 마태복음 6장 26절 말씀이었다. "공중의 새를 보라. 심지도 않고 거두지도 않고 창고에 모아들이지도 아니하되 너희 천부께서 기르시나니 너희는 이것들보다 귀하지 아니하냐." 그 말씀은 옛날 내 고향 평안북도 정주에서 다니던 기독 재단의 학교인 정주 신안 사립학교 때 입교식에서 받은 요절이었다. 조회 때마다 전교생이 제창했던 요절이었으니 잊어버릴 수가 없었다.

하나님께서 이미 오래전 어릴 때부터 나에게 주신 말씀을 소환해준 설교 말씀에 이 길도 그분이 함께 하신다는 생각이 들면서 마음의 평정을 찾기 시작했다.

김포공항을 출발하여 하와이까지 10시간의 비행 중, 그 요절을 되뇌일 때마다 나는 더 큰 감사함을 느낄 수 있었다. 전역하고 나서 미국에 있는 친구와 한국에서 큰 사업을 하는 친구가 미국 이민을 돕고 권한 일, 당시 일반인에게는 여권조차 허락이 잘 되지 않던 시절에 미국 길에 올랐다는 사실, 나 자신은 많이 부족했는데 모든 일을 하나님이 돕고 계신 줄 잠시 잊고 있었던 나의 믿음이 부끄러웠다. 비행시간 내내 길 떠나는 나 자신을 돌이켜보며 새로운 각오와 자신감을 키울 수 있었다. 비행기는 조용하게 호놀루루 공항에 착륙했다.

하와이에서 입국 심사를 마치는 과정에 생각지도 않았던 일이 발생했다. 세관에서 새로 맞춰 들고 온 양복 때문에 25불의 벌금을 내야 한다는 것이었다. 군용기만 타고 다녀서 몰랐던 절차였지만 일상복으로 입기 위해 들고 온 새 정장에 관세를 붙이다니 알 수 없는 일이었다. 그 상황을 따져 묻기에는 내 모습이 마치 어릴 적 삼팔선을 넘던 때와 같이 너무도 무기력하고 위축되어 있었다. 나는 세관에 이의를 표현했다가 더 큰 불이익을 당할까 염려되어 25불을 지불했다. 어처구니가 없는 경우라 아직도 기억에 남아 있다. 나에게는 그전까지만 해도 나 자신이 대한민국 해군 대령이라는 위상이 은연중에 남아 있었다고 생각했다. 그런데 제복을 벗은 나의 모습은 다른 사람들에게 힘이 없을 뿐만 아니라 작고 초라하게 보였다는 사실을 실감했다. 지금 생각하니 하루빨리 현실을 알아차리게 하는 공부였다는 생각도 든다. 대한민국 해군 장교가 해외에서 제복을 입고 누렸던 대접은 더 이상 없음을 깨닫게 해주는 이정표적인 교훈이었다. 긴 행렬을 따라 입국 수속을 마치고, 2시간 후에 LA로 가는 국내선 비행기를 기다리기 위해 커다란 라운지에 도착했다. 그때 내 나이 43살이었다.

4. 동부로 가는 길

1973년만 해도 대한항공으로는 하와이를 거쳐 LA까지 가는 것이 가장 긴 노선이었다. 동부에 가기 위해서는 LA에서 국내선으로 바꿔 타야 했다.

LA에 도착하니 고맙게도 친구가 마중을 나와 있었다. 안도하는 마음으로 차에 오르자 친구는 나를 자신의 사업장으로 인도했다. 커다란 봉제 공장에서 남미 출신의 여직원들이 재봉틀을 돌리며 옷을 만들고 있었다. 시내 한복판에 있는 제법 큰 규모의 공장이었다. 친구는 열심히 자신의 성공 이야기를 늘어놓으며 알아들을 수 없는 봉제 공장 얘기로 자신의 사업을 열심히 설명했다. 친구의 성공 이야기와 미국에서 멋진 사업가가 되었다는 사실이 부러웠지만, 나는 그의 사업에는 큰 관심이 없었고 오랜 비행과 긴장 속에 피곤했던지 그의 설명이 귀에 들어오지 않았다. 나에게 얼마나 지참하고 왔냐는 거침없는 그의 질문에 나는 당황했다. 그 친구의 사업 이야기와 갑작스러운 공장 견학을 생각하니 그는 나를 서울에서 온 투자자처럼 여기는 듯했다. 오랜 비행으로 기내를 벗어난 지 얼마 되지도 않았는데 사업 설명과 사업 규모를 얘기하며 당황스러운 질문을 하는 그 친구가 나는 이해가 되지 않았다.

나는 오랜 군대 생활을 마친 지 얼마 되지 않아서 모르는 것이 너무도 많았다. 아마도 내가 많은 돈을 갖고 있었다면 그 친구에게 투자를 하거나 파트너가 되면 쉽게 영주권도 받고 정착할 수 있을 것이라고 생각했을지도 모른다. 그러나 나는 갖고 있는 돈이라고 해야 서울에 있는 가족들이 생활할 수 있는 연금이 다였고, 수중에 들고 온 돈은 법적 한도액인 3천 불이 전부였다. 투자 이민이라는 것 자체가 나와는 거리가 먼 이야기였다. 그때는 뭐가 뭔지 몰랐지만 미국에는 자기 돈으로 사업을 하는 사람들이 많지 않았고 은행 대출을 안고 운영하는 사업체들이 대부분이었다. 투자 이민은 돈 있는 사람들에게는 쉬운 정착 방법이었기 때문에 그 친구가 나에게 관심이 있었을 것이라고 이해했다. 그는 자신의 친구가 해군 대령으로 제대하고 퇴직금을 모두 들고 이민 올 것이라고 생각했던 모양이다. 그 친구는 그 후에 더 크게 성공하여 교포 사회에서는 제법 유명 인사가 되었지만 훗날 무슨 일인지 좋지 않은 금융 범죄에 연루되어 연방 수사국(FBI)에 쫓기는 신세가 되었다고 들었다.

　미국은 대단히 큰 나라였다. 서부에서 동부로 오는 데만 해도 5~6시간의 비행을 해야 하는 큰 대륙이었다. 나는 내가 정착하고 싶은 동부로 가고 싶었다. 좋은 대학도 많고 아이들을 교육시키고 키우기에는 동부로 가야 한다는 막연한 생각만이 내 머릿속에 꽉 차 있었다. 일단 처남이 외교관으로 있던 워싱턴 D.C로 가기로 결정하고 무작정 동부로 가는 비행기에 몸을 실었다. 그때까지만 해도 나는 내가 어떤 일을 겪을지 전혀 예상할 수 없었다.

5. 나의 길

살다 보면 우리는 많은 결정을 내리기도 하지만, 하늘의 뜻에 맡겨야 하는 순간들도 있다. 선택은 하나만 해야 하는 경우가 대부분이다. 그래서 나는 "삶은 선택과 하늘의 뜻이 조합된 것"이라는 생각을 가끔 한다. 우리는 늘 마지막에 두 가지 길 중에 하나를 선택하곤 하지만 그 순간은 단순한 선택이 아니라 미래에 다가올 인생의 길을 결정하는 중요한 순간일 때가 많다. 가끔은 잘못된 결정을 내릴 때도 있었다. 상황과 한계에 쫓기다 보면 경솔한 결정을 내리기도 했다. 내가 선택한 길은 아무것도 모르는 가운데 선택해야 했던 길인 경우도 많았다. 그러다 보니 나의 인생길은 늘 도전으로 가득차 있었고 탐험해야 할 필요가 있는 길이었다. 인생의 일부는 이미 결정된 선택이었고, 일부는 순간적인 판단이었으며, 일부는 고민을 거친 것이었다. 어떤 선택이었든 대부분 그 과정이 결과를 만들어주었던 것 같다. 나는 결정한 것에 대해서는 진지하게 최선을 다했다.

공산주의가 싫어서 고향을 등지고 오던 길, 살아남기 위해 선택한 길, 배우기 위해 달려간 길, 나라를 지키고 국가에 대한 맹세를 지키기 위해 떠난 길, 그리고 나와 내 가족을 위해 결정한 이민 길, 미국에서의 모든 숙제와 과업을 이루고 돌아온 귀국길, 내가 지나온 이 모든 길이 나는 후회스럽거나 부끄럽지 않다. 단지 좀 더 남편답고 아버지다운 표현을 제대로 못해 멋없이 살아온 것 같아 늘 가족들에게 미안했을 뿐이다.

나는 "마이웨이"라는 프랭크 슈나트라의 노래를 좋아한다. 이 노래를 들을 때마다 노래 가사 속에 나오는 한 소절 한 소절이 마음속 깊이 울린다.

"And now, the end is near
And so I face the final curtain
My friend, I'll say it clear
I'll state my case, of which I'm certain
I've lived a life that's full
I traveled each and every highway
And more, much more than this
I did it my way

I planned each charted course
Each careful step along the byway
And more, much more than this
I did it my way"

"내 이야기의 끝이 가까워지고 있습니다
마지막 장을 씁니다
여러분께 나는 분명히 얘기할 수 있습니다
나는 충만한 삶을 살았고
많은 길들을 선택하며 지나왔습니다
내가 말할 수 있는 것보다
더 많은 것을 주신 은혜를 누리며
나의 길을 살아왔습니다"
 (나에게는 이 노래가 이런 의미로 다가온다.)

참으로 진지하게 살았다.

나는 아직도 매일 길을 떠난다. 어제와 오늘이 다르고 또 오늘이 내일과 달라도 나는 항상 나의 선택에 감사한다. 좋은 결과를 위한 과정을 지켜주시는 살아 계시는 하나님이 늘 함께하시기 때문이다.

6. 광야에서 인도하신 길

신이 우리에게 주신 자유 의지로는 무엇이든 생각할 수 있고 무엇이든 계획할 수 있다. 그렇다고 그 의지만으로 노력하고 공을 들인다고 해서 다 성사되는 것은 아니다. 사람들은 언제나 무엇인가를 바라는 소원과 소망을 품고 산다. 그것이 마음의 설렘을 만들고 그 에너지를 통하여 노력하고 용기를 갖기도 한다. 그러나 항상 바라고 설레는 것과 달리 인생은 평탄하지 않다. 내리막길, 오르막길, 탄탄대로, 혹은 협곡을 만나는 경우가 있다. 그때마다 사람들은 다짐을 하곤 한다. 자신과의 다짐, 신과의 다짐, 혹은 친구나 가족과의 다짐을 하며 산다. 이런 모든 노력은 자신의 자유 의지에 의해서 진행되지만, 결국 그 응답은 신에게 있다. 잠언 16장 9절 말씀처럼 "사람이 마음으로 자기의 길을 계획할지라도 그의 걸음을 인도하시는 여호와이시기에" 우리는 결국 하나님의 응답 없이는 할 수 있는 것이 하나도 없다. 나의 인생길도 나의 경영과 같았지만 결국 이루시는 분은 하나님이셨다는 생각을 부정할 수가 없다.

광야에서 모세를 불기둥과 구름 기둥으로 인도하신 것처럼 나를 인도하시는 분은 하나님이시다. 아무것도 준비되지 않았던 미국 생활의 시작은 또 다른 광야에서의 생활이었다. 도착하자마자 겪었던 예상치 못한 일들은 나에게 큰 교육과 훈련이 되었다. 하나님은 반석에서 생수를 내시고 하늘에서 만나와 메추라기를 내려주셨다. 구름 기둥과 불기둥도 단순히 행선지를 가르쳐주는 인도자 역할만 한 것이 아니라, 뜨거운 햇빛과 밤의 차가운 날씨를 가리고 감싸주시는 은혜를 베푸셨다.

내가 워싱턴 D.C에 도착해서 처남을 만나니 그제서야 미국에 도착했다는 느낌이 들었다. 처남은 해군사관학교 9기로 임관하여 5년을 복무하고 외무 고시를 거쳐 워싱턴 대사관에 근무하고 있었다. LA에 도착하자마자 겪었던 옛 친구의 허풍에 당황했던 나는 처남을 만난 후에야 비로소 현실을 마주하는 느낌이 들었다. 그때 내 앞에는 해결해야 할 두 가지 문제가 놓여 있었다. 첫째는 영주권 신청이며 둘째는 생활하기 위한 기반이었다. 지금 돌이켜보면 요즘 말로 맨땅에 헤딩하는 이야기였다. 비자 기간이 끝나면 나는 불법 체류자가 되고, 일터 없이 있는 돈을 다 소비하고 나면 노숙자 신세가 될 수밖에 없는 신세였다.

  영주권을 신청하기 위한 방법과 일자리를 구해야 하는 두 가지 일을 동시에 해야 했다. 그러던 중 처남의 지인이 경영하는 카메라 수리 가게에 우연히 들르게 되었다. 그 카메라 수리 가게는 일이 산더미처럼 쌓여 있는데, 일손이 모자라는 형편이었다. 원래 기계를 좋아하고 카메라 사진 찍는 것도 좋아했던 나는 호기심이 생겼다. 옆에서 시간 가는 줄 모르고 구경을 하다가 나도 한 번 해보고 싶다는 생각이 들어 주인에게 부탁을 하고 카메라를 분해하고 수리하고 다시 조립해보았다. 잘한다는 얘기와 함께 같이 일을 하자는 제의도 받았다. 그런 일이 있은 후 며칠 동안 카메라 수리를 도와주고 있는데, 뉴욕에서 처남 지인으로부터 연락이 왔다. 그 지인의 회사를 통해 영주권을 신청해주겠다는 이야기를 듣고 급히 뉴욕으로 올라가야 했다. 나는 영주권을 신청하고 결과를 기다려야 했기 때문에 뉴욕에 머물며 그곳에서 일자리를 알아봐야 했다. 영주권을 신청하고 노동청 허가를 받으니 불법 체류의 위험은 일단 모면하게 되었다. 이젠 제대로 된 일자리만 생기면 된다. 뉴욕에는 한국의 해군 대령 출신이 할 수 있는 일이 뭐가 있었을까? 없었다. 시간이 가면서 점점 마음만 급해지고 있던 차에 그나마 잠깐 해보았던 카메라 수리를 해볼까 하는 생각이 들었다. 살고 있던 아파트 근처에 이발을 하러 갔는데, 그 건물에 붙어 있는 "For Rent"라는 빨간 글자가 눈에 띄었다. 마침 그 건물은 이발사 프랭크 씨가 소유한 건물이었다. 길 쪽으로 쇼 윈도우가 있는 건물이었다.

나는 그 윈도우에 "Camera Repair"라고 쓰고는 카메라 수리공이 되었다. 내가 생각해도 기가 막힐 일이었다. 카메라 수리공이 되어서가 아니라 카메라 수리를 어떻게 하려고 그런 배짱으로 그랬는지 지금 생각해도 참으로 무모한 짓이었다. "무식하면 용감하다", "모르는 것이 약이다"라는 말이 생각이 난다.

일반적으로 카메라가 고장나면 소비자는 구입한 곳에 수리를 맡긴다. 지금도 그렇지만 A/S가 되는 고장이면 비용 없이 카메라를 고칠 수 있고, 물리적인 충격이나 소비자의 관리 소홀로 고장난 것이라면 소비자가 부담해야 하는 시스템이었다. 그런데 문제는 그곳에 맡기면 수리에 소요되는 시간이나 예상 수리비를 아는 데 오랜 시간이 걸린다는 것이었다. 그런 불편함이 존재했기에 나의 사업은 그 불편함의 틈새를 공략하는 해결책으로 소비자가 매력을 느낄 수 있었다. 처음에 내가 갖고 있던 장비란 5불짜리 드라이버 세트와 전기 테스터기 한 대가 전부였다.

예상은 맞았다. 동네에서 짧은 시일에 카메라를 수리할 수 있다는 장점이 소비자들의 심리와 맞아떨어진 것이다. 일이 많아지면서 수리를 위한 기계와 장비들을 더 보강했다. 손님들은 각종 카메라를 가져왔다.

하루는 라이카 카메라가 수리로 들어왔다. 비싼 카메라일수록 조심해야 하기에 함부로 열 수도 없었고 여는 순서도 잘 진단해서 계획을 짜야 했다. 잘못되면 손해 배상비를 물어야 했다. 2주일 동안 그 카메라는 건드리지도 못하고 고민하고 있었는데 그 걱정이 꿈에까지 나타날 정도였다. 차분히 카메라를 여는 순서를 정하고 속을 열었는데 기어 사이에 철가루가 끼어 있었다. 생각보다 너무나 간단하게 수리를 마쳤던 그때가 잊혀지지 않는다. 100불로 예상되었던 수리비를 75불로 감해주니 손님은 매우 기뻐하였다. 당시 카메라는 값비싼 고급 생활 용품이었고 고장나면 수리하는 것이 일반적인 관행이었다. 수리가 들어와도 못 고칠까봐 걱정, 안 들어오면 수입이 없어서 걱정이었던 시기가 지나고 수리 요청 물량이 급증하기 시작했다.

　기술도 늘고 손님들과의 관계도 돈독해지면서 직원들을 채용하기에 이르렀다. 그러던 중 일본 유명 C 카메라 회사 미국 지사가 인근에 들어오고 C 회사의 카메라 판매와 수리가 급증했다. 마침 그 회사에서 마케팅 세미나가 있다고 해서 참석하기로 하였다. 나는 가게 명함을 들고 그 세미나에 갔다. 행사를 마치고 파티를 할 때 나는 그 회사 고위 직원으로 보이는 일본인에게 명함을 전달하며 내 소개를 일본어로 하고 돌아왔다. 며칠 후 그 일본 카메라 회사로부터 연락이 왔다. 수리 하청을 부탁하고 싶다는 내용이었다. 아마도 일본어가 통하는 내가 그들에게는 더 편하게 생각되었던 것 같다. 나의 미국 생활은 그렇게 정착이 되었고 나의 사업은 그후 20년 동안 은퇴 전까지 C 카메라와 좋은 신용 관계를 유지했다.

7. 가족의 재회

나의 이민 목적은 분명했다. 자녀들의 교육이었다. 넓은 세상에서 아이들이 마음껏 공부할 수 있게 해주고 싶었다. 그러나 베트남 난민을 우선시하는 제도에 따라 나의 영주권 신청은 우선 순위에서 많이 밀려나 있었다. 점점 가족들과 만남이 지연되자 서울에 있던 아이들의 학업에 차질이 생기고 아이들이 겪을 혼돈이 걱정되기 시작했다. 그래도 감사한 것은 아이들은 자기 할 일들을 잘하고 있었다는 사실이다. 미국 대학에 오기 위한 준비와 어학 공부도 부지런히 하고 있었다.

마침내 1977년에 영주권이 나오자 식구들은 도미 준비를 했다. 사업은 잘되었고 경제적 여건도 허락되어 가족들이 오면 함께할 아름다운 집도 마련할 수 있었다. 아침이면 새소리를 들으며 잠에서 깨어날 수 있도록 숲으로 둘러 쌓인 훌륭한 저택을 마련하여 행복한 마음으로 아이들이 오는 날을 기다렸다.

1978년 봄, 식구들과 재회했다. 중학교에 다닐 막내를 위하여, 학군이 좋은 뉴욕주 웨스트체스터 지역에 마련한 1/3 에이커의 큰 저택은 완벽한 보금자리였다. 재회한 온 가족이 하나님께 먼저 감사 기도를 드렸던 감동이 아직 잊혀지지 않는다. 아이들은 잘 성장했다. 막내까지 대학 기숙사에 보내고 나니 두 사람만 큰 집을 지키게 되었다. 그 후로 시간은 꿈결같이 빨리 지나갔다. 아이들은 결혼을 하고 사회 생활을 시작했고, 모두가 자기가 하고 싶은 공부를 마친 뒤 고맙게도 이 사회에 꼭 필요한 사람들로 잘 성장하였다. 모든 것이 하나님이 주신 선물이기에 자랑할 것은 없었다. 단지 감사할 뿐이다. 훗날 결혼들을 하고 각자의 위치에서 남부러울 것이 없는 삶을 누리고 있다.

8. 감사한 은퇴 그리고 그 후

　노년에 가까운 부부가 살기에는 텅 빈 큰 집이 부담스러워졌다. 아이들은 모두 허드슨 강 건너 뉴저지에 살고 있어 두 사람이 큰 집에 살 이유가 없었다. 때마침 20년을 거래하던 C 카메라 회사가 시카고로 이전하게 되었다.

　계속 그 사업을 이어가려면 나도 시카고로 사업체를 옮겨야 했다. 하나님께서는 마치 예비하셨던 것처럼 타이밍을 정확하게 맞춰주신 것이라 생각했다. 나는 그때 마침 미국에서 사회 보장 혜택을 받는 정년인 65세였다. 1994년 9월, 나는 미국 정부에 은퇴 수속을 마쳤다. 살던 집을 산 값의 다섯 배도 넘게 받고 팔았다. 그 후 우리 부부도 허드슨 강 건너 아이들이 살고 있던 뉴저지 근처로 이사했다. 어렵게 준비했던 3천 불을 들고 미국에 왔던 1973년의 생각이 주마등처럼 머릿속을 스쳤다. 감회 깊은 순간이었다.

　"공중의 새를 보라. 심지도 않고 거두지도 않고 창고에 모아들이지도 아니하되 너희 하늘 아버지께서 기르시나니 너희는 이것들보다 귀하지 아니하냐."

　눈이 오나 비가 오나 바람이 부나 새벽 3시 반이면 기상하여 교회로 달려가 새벽 제단을 섬겼다. 새벽의 맑은 공기와 새들의 노래 속에 아침부터 하나님이 창조하신 아름다운 세계에 감사했다. 새벽 예배를 통해 하나님 말씀으로 하루를 시작하고 기도할 수 있어 늘 행복했다. 아직도 새벽 4시면 잠언 전도서 요절들을 카톡을 통해 지인들에게 보낸다. 이것은 예전의 삶을 상기하면서 하는 감사의 일과이다.

　은퇴 후 우리 부부는 뉴저지와 웨스트포인트 중간쯤인 뉴시티라는 곳으로 이사했다. 저택보다는 조금 단출한 타운 하우스였다. 뒤뜰과 발코니에서 작은 농사도 지을 수 있는 곳이었다. 작은 단지 안에는 같은 구조의 집들 여러 채가 있었다. 단지 내에 수영장이며 공공시설을 잘 갖춘 곳이었다. 관리인들이 정원 관리도 해주니 노인들이 살기에 쾌적했다. 아이들의 집이나 교회와도 가까운 거리였고 아름다운 팰리세이드 파크웨이에 오르면 그 길로 아들네 집에 도착할 수 있는 그런 장소였다.

그곳에서 지내다가 완전 노년기로 들어가면서 더 가까운 곳으로 오기를 원하는 아들의 생각 때문에 조지워싱턴 다리에서 가까운 허드슨 강변의 아파트로 이사를 했다. 뉴욕 맨해튼에 사는 막내딸도 그 다리만 건너면 만날 수 있을 정도로 가까운 곳이어서 자주 왕래하며 지내니 좋았다. 그러던 어느 날 건강에 이상 신호가 왔다. 아들에게 전화를 하니 당장 911을 부르고 앰뷸런스가 도착하여 병원으로 이송되어 가슴을 열고 큰 혈관 수술을 받았다. 미국에 와서 처음 맞이했던 생사의 갈림길에서 나는 다시 깨어났고 건강을 회복하고 있을 때, 이번에는 아내가 파킨슨병으로 고생하게 되었다. 그래도 새벽이면 늘 새벽 기도회에 참석하면서 감사한 생활을 하고 있었다. 그러던 어느 날 아내가 발을 헛디뎌서 넘어지는 바람에 고관절이 부서졌다. 병원에서 수술을 받고 요양 병원에서 재활 치료를 받게 되었다. 그때부터 우리 부부의 삶은 새 국면을 맞이했다. 요양원의 잦은 실수로 몇 번이나 응급으로 입원 치료를 받던 중 아내는 치매라는 진단을 받았다.

그즈음 충주에 살던 큰 딸이 노인 의료 환경이 더 좋은 한국으로 가자고 설득하여 우리 부부는 한국으로 돌아와 충주에 있는 요양원에 머물게 되었다. 아내의 치매 증세는 많이 호전되었으나, 방심하던 차에 남은 한쪽 고관절마저 부러지는 사건이 발생했다. 충주에 있는 사위가 교수로 있는 건국 대학교 부속 병원에서는 아내의 건강상 이유로 수술을 거부하였다. 그러나 아내는 삶의 질이 더 중요하다며 꼭 하고 싶다고 하여 서울에 있는 큰 병원으로 이송해서 수술을 했다. 수술은 성공적으로 마쳤지만, 미국에 있는 자녀들과 수술 성공을 자축하며 통화를 마친 후 뜻하지 않던 혈전 문제로 수면 중 하늘의 부름을 받았다.

나의 거처는 수원에 자리한 유당마을이라는 시니어 빌리지로 옮겨졌고, 그곳에서 생활하던 중 신장 기능이 저하되어 딸과 의사인 사위가 사는 충주로 오기에 이르렀다. 투석이 필요하다는 의사의 진단을 받고 내린 결정이었다. 충주 의료원 바로 옆에 나를 위한 보금자리가 마련되어, 그야말로 충주 의료원 부속 시설처럼 붙어 있는 엔젤 실버텔에 살게 되었다. 투석이 진행되어도 걸어갈 수 있는 위치에 병원이 있으니 이보다 좋은 환경이 없었다. 충주 의료원에서 좋은 의사도 만나고 그 선생님의 소견대로 잘 따라서 하니 지금까지는 투석을 하지 않아도 되었다.

주님의 인도는 나를 여기까지 오게 하셨다. 내 나이 94세.

해가 기울자 큰 창문 밖으로 보이기 시작하는 충주시의 불빛은 아름답다. 내가 살던 뉴저지 아파트에서 보던 맨해튼의 불빛도 그랬지만 밤의 불빛은 어두울수록 더 빛난다. 그 빛남 속에 사랑하는 아내와 가족들의 얼굴들이 떠오른다. 감사할 일만 남았다. 나의 긴 인생 여정은 캄캄한 바다 같았다. 그때마다 빛과 등대가 되어주신 하나님의 사랑에 감사한다. 남은 나의 여생이나마 주님께 쓰임받으면 좋겠다.

9. 신앙의 길

주님과 동행하는 길은 좁은 문에 들어가는 것처럼 쉽지가 않았다. 세상의 유혹과 욕심도 늘 나의 주위를 맴돌았고, 쉽게 갈 수 있는 넓은 문은 내게 늘 유혹의 손짓을 보냈다. 단순하기만 할 것 같은 군대 생활도 다르지는 않았다. 사람들이 모이는 곳에는 늘 다른 생각들이 존재했다. 사람의 손이 둘이고 다리가 둘이고 눈과 귀 콧구멍이 둘 씩이나 있는 이유를 어떤 이는 이렇게 설명했다. 몸의 균형을 위해서라고. 왼발이 나갈 때 오른발은 뒤에서 잘 버텨주고 양쪽의 눈과 귀를 이용해야 공간적인 감각이 생기듯이 우리의 인생도 마찬가지였다. 그런 의미에서 삶은 균형이다.

나의 균형을 잡아주는 것은 오직 성경 말씀뿐이었다. 나에게 신앙생활은 삶의 균형이었다. 나는 할 수 없으나 주님은 하실 수 있다는 믿음은 몸과 마음이 모두 가난했던 나에게 큰 신앙이 되었다. 내가 살면서 배운 신앙을 두 가지로 구분해 보았다. 첫 번째는 나를 중심으로 한 신앙이었다. 기도의 첫 시작은 늘 나로 시작되었다. "나를 사랑하시는 하나님, 나의 필요를 아시는 하나님, 나의 대변자가 되시는 하나님, 나의 힘이 되신 여호와시여…." 스포츠 경기를 보며 경기가 시작하기 전 선수들이 모여 기도하는 모습을 본 적이 많았다. 그들은 무슨 기도를 하고 있었을까? 궁금해질 때가 있다. 경기에 이기게 해 달라는 기도였다면 그 신앙은 자신을 중심으로 한 신앙이다. 나도 그랬다. 아직도 거기에 머무르고 있다. 늘 경기에서 이기게 해달라고 기도를 했다. 그러나 늘 승리만 하지 않았다. 그때마다 나의 기도가 부족하다고 생각했다. 그러나 나의 기도가 잘못되었다고 생각해본 적은 많지 않았다.

두 번째는 나를 중심으로 한 기도가 아니라 주님이 중심이 되는 신앙생활이다. 하나님은 내게 유익한 것을 아시지만, 늘 우리에게 유익할 때 응답해주셨다. 나는 나의 뜻에 하나님의 뜻을 일치시키고자 하는 소망을 갖고 오랫동안 하나님께 축복을 간구했었다. 나의 기도는 대부분 그랬었다. 지금에서야 주님이 겟세마네 동산에서 기도하셨듯이 우리 원대로가 아닌 아버지의 원대로 되기를 기도하는 법을 배워야 한다는 것을 깨닫고 있는 중이다. 나의 뜻이 아니라 그분의 뜻에 나의 소망을 일치시키는 연습을 하고 있다. 내 나이 94살인데도 나의 신앙은 아직도 어린아이 수준이다. 그분이 이루어주신 결과를 아직도 나의 노력과 믿음이라고 자랑하곤 한다. 주님과 동행하는 길은 주님이 부르시는 그날까지 끝없이 배우기만 할 것 같다. 이런 연약한 신앙 가운데도 나를 사랑해주신 하나님을 나는 사랑하지 않을 수가 없다.

이제껏 걸어온 길을 돌이켜보니, 어떤 목사님의 설교가 문득 생각이 난다. 한참 걸어온 눈길을 돌아보니 똑바로 걸어온 줄 알았던 내 발자국의 행렬이 참으로 삐뚤빼뚤했다는 대목이다. 우리 인생은 걸어 온 대로 보이고 남긴 모양대로 읽힌다는 얘기이다. 나의 길은 어떤 흔적을 남겼을까? 밤새도록 소복하게 쌓인 눈길을 걷듯이 조심스레 걸어온 길이었다. 나름 무리하지 않고 그것이 길이라 생각하며 걸어온 길이었다. 나름 부끄럽지 않게 살아온 길이었다. 그러나 내 나이 94세가 되어보니 걸어온 그대로 보이고 남긴 그대로 읽히는 그 길을 돌아보면 부끄러워진다. 많이 부족한 내가 이 책을 쓰는 회고의 시간 동안 내내 긴장이 되었던 것도 그 이유가 아니었을까 생각한다. 나의 부족함도 다 아시는 주님이 늘 나와 함께 동행하신다는 생각으로 나의 신앙의 길목에서 균형을 잡아주시는 하나님께 오늘도 감사하며 살고 있다.

Chapter I

Who am I?

1. I am Byung Hui Kang

My middle name "Byung" is from PYUNAN Kangs family in Sinchoen origin.

According to a 2015 report by Statistics Korea, there are just over 90,000 people with this last name, or 0.2 percent of the nation's population. More than 60 percent of them live in Seoul, Sejong City and Jeju Island. All of Korea's Kang surnames descended from China, and Sincheon's PYUNAN Kang surname was given to Kang Hu, the second son of Kang Sook, the brother of King Mu of the Zhou Dynasty, by a reporter in 198 B.C., for entering Pyongyang, Joseon, and edifying the royal court.

My memory starts with my grandfather's sixtieth birthday. There was an episode where a clown Noripae performed on the day of my grandfather's feast. Many onlookers gathered and even climbed up to the roof, causing the house to tilt. We were a well-to-do and generous family, and my father rode a bicycle to get around.

When my father died when I was just 13 years old, I was the pitiful youngest child standing at the end of the line in the funeral wearing a mourning dress. The day after my father's funeral, I visited the grave three times a day. I, the youngest, had to do it alone because the other brothers couldn't go because they were working. I feared the public cemetery, so I used to cry at first. However, as I continued to do it daily I started to become bolder and heard praise from the elders in the house for being a good son. So, I tried to do a good job with a lot of pride.

When I was 15 years old, my mother died and I lived with my grandmother who was the only adult in the family. Even now, when I think of my grandmother who took care of me, I get emotional. I miss her.

2. My home in Baumeri village

My grandfather's grand house in Baumeri Jeongju was a famous landmark in the village. It was particularly notable for having an electric water pump in the well. The house had three gates: a grand main gate that could accommodate horse riders, a gate for cows and servants, and another gate leading to the well and toilet. The rectangular main house faced southeast and had a room on the left side that was used as a rice mill, while the right side was used as a storage room and a cow barn. Across the street was the spacious Sarangche house with a living room and three bedrooms. The yard was also quite large, with a chicken coop that could house 2,000 chickens. The private Joyang School, which my grandfather founded for his second son, was located about 50 meters from the house. It was the only private school where Korean was taught secretly, and it had a large playground that embodied the national spirit. Children from regular national schools could also come and take special classes there. Our house was known as the famous landowner's house in Baumergol.

the youngest. My elder siblings attended regular elementary schools, but I went to the Joyang Academy, which was run by my uncle. I learned Korean language (Hangul), Chinese characters, Japanese, and calligraphy. Despite being too young to enter regular school, I received an early education at the family-run school. However, due to my parents' decision, I missed the regular education process. I was transferred to third grade at Shinan Private School, run by the church, to prepare for middle school. At that time, private school graduates were not allowed to enter public middle schools, so I went to a school called Private Industrial Academy. I learned the middle school curriculum there until Korea's liberation from Japanese rule on August 15th (1945). After the liberation, the school was renamed Jeongju Middle School, and I became a junior high school student.

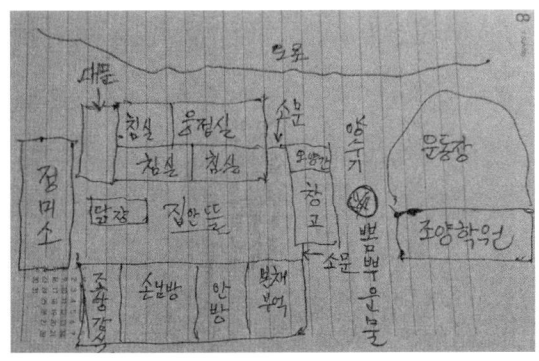

(Illustration from my memory)

During the winter vacation, one of my friends returned from his wedding back home. He invited us all to a celebratory dinner where we ate and drank bulgogi and soju. It was a great feast, but unfortunately, someone reported us to the school director.

He came to the scene and punished us by making us lie down on the frozen playground of the elementary school and count the stars in the sky. We were all suspended indefinitely. Even though the first day of school was a week away, the director made us come to school every day to write reflections. However, the principal suddenly appeared, lifted our suspension, and told us that those who wanted to study should go to Seoul. He urged us to attend school in the Free Zone as the country had changed to trusteeship. I remember leaving with tears in my eyes as it was time to say goodbye to the principal.

3. Oh My home town Baumeri!

Baumeri is the unforgettable name of my hometown where I was born. To the north of the village, a towering mountain 800 meters tall stood proudly, with boulders larger than the average house scattered amidst the dense pine trees. To the east of the village, a vast expanse of rice fields stretched out, with the Dalae River flowing down from the northeast. During the summer floods, it would wash many sand and gravel boulders down to the riverbank. This idyllic scene of my Baumeri hometown was obstructed by a not-so-high mountain range to the east of the river. Along the river, a gravel-paved road called Shinjang-ro led to the gold mines.

In the spring, my friends and I would hike up and down the Northern Mountain to play--picking cinders, digging for arrowroot, and sucking the juice from the bark of pine branches. During summer vacation, we caught small fishes with glass flytraps by the stream, and in the fall, we climbed the chestnut mountain and ate chestnuts that fell from the trees. Sometimes, we found squirrels and stole their chestnuts. We would also venture out into the rice paddies, catch crabs, roast them, and relish in the joys of our adventures. These were some of the fondest memories of my childhood spending time in my hometown of Baumeri.

I miss Baumeri very much, and it brings me great sadness that my country is divided by the North-South Korean border. I fervently hope for the reunification of North and South Koreas to happen soon, so that the longing in 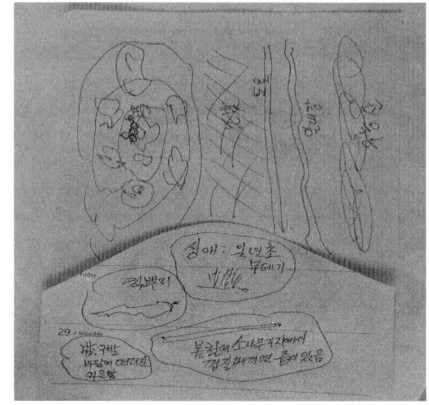 my heart for my beloved hometown may be alleviated. My beloved hometown of Baumeri, are you still there?

4. Goodbye Baumeri – The Road to Seoul

One afternoon, as I returned home from school, chaos erupted in our house. A friend of my brother informed me that the police were in route to arrest him. However, my brother had already left for his in-laws' place to prepare for his trip to Seoul. When I expressed my desire to leave as well, my eldest sister-in-law gave me a two-pronged gold ring as financial aid and instructed me to meet my brother in Seoul. My grandmother contributed a silk roll to my travel expenses and urged me to study hard, saying, "Don't worry about me." With those words, she went out to feed the chickens.

Upon informing my second brother, who was stationed in Sin Eichu, about my plans to bid him farewell and rendezvous in Seoul, he expressed contentment with his job and did not discuss traveling south. He had graduated from Kyungsung Electric School and was satisfied as the director of a large electrical substation, but his wife held a different view that they should all go for the sake of their children.

After I informed my grandmother about the situation, my school friends contacted me and advised me to obtain a Democratic Party student ID card in Zhengzhou. I promptly acquired the card and concealed it in the lapel of my student uniform. My friends and I agreed to meet on Easter Day at their family's brassware factory in Sariwon. It was just a few days away from Easter. I visited my sister in Pyongyang en route to Sariwon, and when I arrived at Sariwon, my friends were already assembled and prepared for the next stage.

We walked on foot from Sariwon to Donghaeju, maintaining a 100-meter distance between each other. By chance, we encountered a Soviet army truck that offered us a ride to Donghaeju for a hundred won each. Twenty of us boarded the truck and arrived in Donghaeju without being stopped or interrogated. The locals advised us that we needed a guide to cross the 38th parallel and that we would have to pay a hundred yuan per person for one. As we were about to depart, a random person threatened to report us if we did not use him as our guide, so we paid another hundred yuan and were guided during the night. We were fortunate to cross the 38th parallel without encountering any checkpoints or interrogations. We reached a barley field where our guide left us and instructed us to wait until daybreak. We waited, uncertain if we had arrived in a safe location.

As dawn broke, the people who had crossed the 38th parallel lined up and headed to Cheongdan Station. At the checkpoint, South Korean police interrogated us. We relaxed once we realized that we had reached the southern side. When they searched our luggage and found cigarettes, they reprimanded us for being cigarette smokers. We then revealed that the cigarettes were concealing rolled-up money. We showed them our democratic student IDs and school IDs, and they matched our names with the books. They welcomed us and offered to purchase train passes. They informed us that other people usually had to wait three days for a train, but proven rightist students were given preferential treatment. At that time, having a democratic student card was crucial evidence that we were rightists rather than communists.

We identified ourselves as members of the Northwest Youth Organization and were able to board the train with ease. However, upon reaching the Jhonghwa station, we were approached by members of the National Youth

Organization's right-wing faction who asked us to join their organization. We informed them that we belonged to the West North Youth Organization.

After arriving in Kaesong, we were directed to tents by American military police who informed us that we would be staying in the camp for two weeks. We were subjected to a DDT disinfection treatment before being served kimchi and wheat rice. Subsequently, we underwent individual interrogations where we were asked several questions, including whether there were any Soviet troops in Jeongju. Fortunately, the American inspector spoke fluent Japanese, which enabled me to answer the questions without difficulty. After the interrogations, we were released from the camp and proceeded to board a train to Seoul.

5. Settling in Seoul

After 20 days of crossing the DMZ with great tension, the group of 20 of us finally arrived safely in Seoul. We rented a small room in a traditional Korean (Hanok) house in Ahyeondong, and our new life in Seoul began. On our first night, we slept with our feet on a rope tied to the center of the room because the space was too small for all of us to stretch out comfortably. The next morning, we thanked the house owner for the rice and kimchi breakfast and fetched water for him. He advised us to visit Pagoda Park in Jongro, where we could find a library and restrooms.

Upon arriving at Pagoda Park, we found the pavilion to be full of people, and the only empty seats were under the juniper trees around the park. We had to shake out abandoned hay bales to use as blankets under the trees. Although the library next to the park opened at 4 a.m., there was a capacity limit, so we had to line up in advance to get in. Since we didn't have any books with us, we decided to live under the juniper trees and went into the library every day to borrow English and calculus math books to prepare for the high school GED exam.

During one of our outings to Hwasin Department Store in Jong-ro, we experienced riding an elevator for the first time. There, some young men approached us and invited us to join the Seobuk Youth Association. Although we initially declined their offer due to needing to attend school, they convinced us by offering to provide a place to stay, food, and even send us to school. With no reason to refuse, we joined.

I was placed in Jong-Ro near Sungkyunkwan University, while the others were placed elsewhere. The separation from my friends left me feeling sad, with an empty mind and heavy steps.

It was about lunch time. I heard a car outside, so I went outside and saw a U.S. Army truck with soldiers unloading boxes. To my surprise, these were our lunches, consisting of biscuits, tin cans with food, and a wristwatch. The second hand of the watch was ticking fast like my heartbeat, which intrigued me. Those around me explained that this was what was called C-Rations.

Every morning, the wake-up bell signaled for us to gather in the garden. One day an announcement was made that they were recruiting agents to be dispatched to the Machari Coal Mine in Yeongwol, Gangwon Province. It suddenly dawned on me that my eldest brother must be on the list as a Seocheong agent. I asked the chairman to check and was informed that he was indeed currently dispatched to Yeongwol. I pleaded with the chairman to let me go, as I desperately wanted to see my big brother. At first, he refused because I was too young. But eventually he agreed, and the next day, I was sent to the Machari Anthracite Coal Mine in Gangwon Province on a truck. The moment I reunited with my brother was incredibly emotional, and tears of joy streamed down my face.

At a time when I felt scared and lonely, meeting my elder brother brought me immense comfort, and I prayed to God in gratitude for guiding me like he did Moses through the wilderness.

6. From Coal Mine to Korean Naval Academy

My journey has been full of challenges and experiences. At the age of 18, I joined a coal mine as a miner, becoming the youngest miner to ever work there. However, my fellow miners took pity on me for following instructions so diligently. Still, the work wasn't that difficult. During the Japanese occupation, when students were mobilized to work, we had done much menial labor such as shoveling dirt at the airport and picking pinecones during vacations.

At the end of the day, my face and hands would be covered in anthracite coal dust, which I would wipe off with oil and wash my face with like everyone else. Looking back, I realize that the oil I used was a lubricant for cars. On my way back to the hostel, I would stop at a bathhouse to wash my body with laundry soap once again.

One night, we were summoned for an emergency call to raid a leftist stronghold in Gangwon Province. We armed ourselves with pickaxe sticks but were surprised to find a sentry sleeping at the entrance of the cave with a Calvin rifle. To our shock, we saw "Ground Self-Defense Force" written on the rifle's buttplate. After waiting for daylight, we caught all 13 people coming out of the cave. Our mission was to mobilize a mining truck and throw the Communist prisoners, who were in 60-kilogram rice bags, into the sea off Samcheok without any pardon. This was a huge mental shock for me, and it left me deeply disturbed.

Around that time, I came across an advertisement for the "National Transportation School" in the Chosun Ilbo newspaper. I decided to take the high school examination and enter the school. I reported to my eldest brother in Yeongwol Town and went to Pagoda Park in Seoul to prepare for the examination for two weeks. I passed the test and applied to the transportation school. I passed the entrance test in three weeks' time, and I received my student clothes, hats, shoes, and dormitory assignment. I was excited to start my first formal high school study.

One morning, not long after I started formal high school, after the routine inspection, the entire school held a demonstration against **"the trusteeship"***. I was worried about the impact on my studies, so I asked permission not to participate in the demonstration and instead prepared for the university entrance exam. I spent my time in the railway library next to the school, studying calculus and English again.

---

* The trusteeship – The Moscow Trilateral Conference was a meeting of the foreign ministers of the three World War II powers, the United States, the United Kingdom, and the Soviet Union, held in Moscow on December 16-26, 1945, to deal with postwar issues. The conference decided on a four-nation trusteeship of Korea after its liberation from Japan: the United States, the United Kingdom, China, and the Soviet Union.

(Decision of the Moscow Trilateral Conference on the Korean Peninsula, issued on December 27, 1945. Published in the 1950 edition of North Korea's Yearbook of the DPRK, which appears to be a translation of the original Russian text.)

After completing a semester, I had nowhere to go for the winter break, so I went to my third brother's, who worked as a railway official, and asked him to issue me a pass for the national railroad. I went to Jeolla Province, bought three bushels of rice, and sold them in Seoul. The business was profitable, and the first two trips brought in double profits. But on the third trip, the rice was confiscated by the police. So instead, I bought pork and made quadruple profits. That winter I passed the qualification examination for college entrance. I wanted to apply to the Naval Academy that offered free education with all the necessities.

Chapter II

For What?

1. Entering Naval Academy

Entering the Naval Academy So many things happened in that short period of time from the day I had left Sariwon after spending a day of Easter 1947. Entering the Naval Academy was the most eventful period of my life. It was God who led me as He led Moses through the wilderness with the pillar of cloud and the pillar of fire. All I went through was a book of miracles: crossing the 38th parallel and spending two weeks in the Kaesong refugee camp, as I arrived in Seoul, meeting the owner of a doorstep room in Ahyeon-dong, where I settled in, who gave me valuable advice and led me to the Jongno Library near Pagoda Park, accidentally joining the Seobuk Youth Organization and being reunited with my brother, the horrific attack on the left wing of the Machari mine in Yeongwol, Gangwon-do (which makes me dizzy just thinking about it), and the fact that I was able to enter high school (pass the GED test after seeing an advertisement in the Chosun Ilbo by accident and soon later pass the college enterance exam as well) were not my own abilities, but these were definitely guided by God. How can I explain the fact that I passed the physical examination for the Naval Academy without God's help, and the fact that I was admitted to the Naval Academy on September 4, 48, just little over a year after the coessing 38 line. It can only be explained by God.

I took a train from Seoul Station, transferred to a train to Jingju at Samryangjin Station, and then transferred to another train at Changwon Station to arrive at Jinhae. A large sign for new students was posted at the station. The students waited for the guide to arrive and then followed the guide for about 40 minutes on foot to reach the school.

The school building was a military barracks where Japanese soldiers were stationed. Upon arrival, we were assigned bedrooms and lined up in the yard to change into our uniforms. We were all given a pair of shoes, the same size, American army boots. Everyone said they were big, but they were grateful. Everyone was given a Japanese Type 99 rifle and a bayonet, which they took back to their quarters and finally had time to greet their coworkers. We were then led to the dinning hall for dinner. After a meal of wheat rice, bean sprout soup, and salty, spicy Gyeongsangnam-do kimchi, the 150 of us were led to the bathhouse. After washing away all the grime, it was time for bed. We were given bunk beds with Japanese-style tatami mats. A sheet of blanket was placed on top of the tatami as a mattress cover, and another blanket for a duvet. After explaining that the day would begin with a wake-up call at 5 a.m., the students were called to the bed, and everyone fell asleep. This was the scene on the eve of the entrance ceremony, which ended with a prayer of thanksgiving.

2. The Naval Academy during The Korean War (6 · 25)

I had always set my sights on studying in Seoul. However, figuring out how to afford my education was an overwhelming challenge. That's when I stumbled upon two fortuitous opportunities: the National Transportation School (later renamed the National Railroad High School) and the Naval Academy. Originally known as the Navy College under the military government, the institution went through several name changes before finally becoming the Naval Academy after the establishment of the Republic of Korea. Crossing the 38th parallel, I finally realized my long-held dream of pursuing higher education. It was an emotional and unforgettable moment.

At the induction ceremony, it was time to introduce the instructors who would be teaching the classes. I remember being surprised when a lieutenant from the U.S. Coast Guard was introduced as our sailing instructor. The drill instructors were lieutenants, and they were graduates of the very first class (1 Gi). The second ever-class (2Gi) (fourth-years now) was busy preparing for graduation. Only students on campus were the second- and first-year classes. We, the first-year class, started with three weeks of basic training to become soldiers, and then studied the structure and mission of ships, including weapons, navigation, and engines. As the semester progressed, the U.S. troops stationed at the academy were withdrawn, a move that took two weeks. It was now up to our first-year students to clean and reorganize the sprawling buildings. It was a daunting task to clean the three airfield hangars and the barracks. As soon as the students entered the school, this heavy labor became a substitute for physical training. As the regular education started, we mainly studied from Monday to Friday. On Saturdays, we marched round-trip over the mountains to Changwon during military training, and the "Cheonjabong March" training, which went up and down Cheonjabong Mountain, opening up passages that hadn't existed before. And many cadets suffered from plant allergies during this training up and down the mountain behind the school. One night, when I was on night watch with my senior classmate, in the cave storage room used by the American soldiers, the senior classmate gave me some honey to drink. I later realized that this was actually the sweet maple syrup that we used to pour on pancakes. The sweetness was refreshing, to wake us up at that time. It had all been left behind by the American soldiers.

The surveying skills and trigonometric math that I learned at Jeongju engineering school and the knowledge of electricity, internal combustion engine generators and dynamos were very helpful, and I so I took on serious academic studies with great enthusiasm. However, among our classmates, there were many dropouts due to poor grades or negligent marks who were not interested in the school's education. Some of our classmates also dropped out voluntarily because they had to go to the crematorium in Jinhae Cemetery at night to find a human bone.

One day there was an emergency call in the middle of the night, and we went to the barracks and were told that the Red guerrillas had surrounded the school and we had to flee to the sea. We all jumped into the sea. Some of the cadets did not jump into the sea, but rather went over to the communist side, disobeying orders. So they were expelled from school and sent to Masan Prison. In this way, our (the 4th) class had many expulsions.

The Korean War broke out on June 25, 1950, and following information that the North Korean People's Army was heading south, the 7th, 6th, 5th, and 4th battalions were stationed in Changwon on the Jinhae defense line. However, just as the Nakdong River defense line was formed and we were about to return to school, the tide of war turned to the strength of the South with the Incheon landings. As civilian-operated landing ships (LSTs) began to support the advancing troops, our class was assigned to the ships in groups of 10 and sent to Wonsan, Seongjin, and Cheongjin.

At that time, people from Maritime College taught wartime training and sailing practices. During this time, PF class ships were brought into the Navy (these PF ships had been loaned to the Soviet Union by the United States during World War II and were now given to the Korean Navy), and all of my class was assigned to the PF 62. We were assigned as sailors, worked as combat personnel, taking courses in navigation, institutional relations CIC, etc.

3. Shin Mi Naval Battles

On April 16, 1951, while on a mission near Shinmido waters, our vessel was subjected to an attack by four Soviet YAK fighters. The enemy planes dropped bombs on our aft deck thrusters, but fortunately they missed their target. But one did strike the ship right next to the storage room for 3-inch shell magazines, causing the ship to flood and list to the left. Miraculously the 3-inch shells did not detonate. The enemy continued firing at the bridge. A shell exploded behind the 20-millimeter gun tower adjacent the bridge, and that explosion sent shrapnel towards me (as I was the gunner in the tower) and my classmate Lee Hong Sup. I sustained 84 injuries from the shrapnel. Thankfully, wearing a cold-proof suit and a life jacket prevented them from penetrating deeply into my body. This incident resulted in one YAK being shot down, one hit, and two repelled--a record for our defensive success. For both my classmate Lee Hong Sup and me, that fateful day, April 16, 1951, remains an indelible memory of the war. In October of that same year, I was honored with the Gold Star Chungmu Medal of Honor and the Gold Star Hwarang Medal of Honor for my actions in this naval battle. (These medals were donated to the Naval Academy Museum and have been on exhibition since September 11, 2019.)

When I got to the infirmary, the medics were busy treating my colleagues who were bleeding profusely. I still remember getting a pair of forceps and self-treating myself by pulling out the shrapnel with my own hands and applying the hemostatic tape. However, I still have one shrapnel in me near the radial bone. Sometimes when I go through the security scanner at the airport, I am reminded of that time.

After the shrapnel was removed, I was given distilled water and penicillin injections every four hours, which was more painful than the shrapnel. I was then given oral penicillin at the U.S. Naval Hospital in Sasebo, Japan, which fortunately healed me faster. After the ship was repaired in Sasebo, Japan, we returned to school to prepare for graduation. Our class (4th of the Naval Academy) graduated on August 31, 1951, and then all 4 classes were assigned to Pusan Naval Headquarters. Of the 150 enlisted, 71 graduated from the naval school, and we were commissioned to work at Busan Naval Headquarters. But we had to wait for internship assignments to the U.S. 7th Fleet.

4. Internship on the U.S. 7th Fleet

When we arrived at 7 a.m., a U.S. Navy advisor instructed us to board a waiting car. We were told that there was a 20,000-ton cargo ship at the pier which would take us to the 7th Fleet. Once on board with our bags, a Navy sergeant assigned us bunks and the ship set sail from the port of Busan. This large transport ship provided support for the 7th Fleet, carrying food, ammunition, fuel, and rotating crews.

After a five-hour voyage through the East Sea, we reached the waters near the East Sea of Jumujin where the 7th Fleet operated. About 20 destroyers escorted an aircraft carrier, and we were pulled from the transport ship to the destroyer by ropes attached to pulleys. I was assigned to ship 806, a radar destroyer USS DDR, on September 7th, 1951. The XO (Executive Officer), a U.S. Navy Lieutenant Commander, welcomed me and showed me to my shared quarters for the duration of my internship.

After unpacking, I was introduced to the captain, mechanical chief, CIC chief, and gunnery officer in the officers' dining room. The XO explained my duties and plans in detail. He first took me to the bridge to show me the captain's position, and then the gunnery officer explained the automatic adjustment system of the 5-inch gun, which was confusing for me as a beginner. Another intern, an Annapolis graduate from the U.S., seemed to understand it well.

However, I found it easier to understand the 40mm automatic gun and 20mm machine gun when they were explained to me.

After completing our daily tasks, I wanted to see the 5-inch automatic gun system again. I approached a gun operator and was amazed when he explained the radar and computer systems that controlled the guns. The computer was about four times the size of an office desk and contained many vacuum tube electronics inside. When I returned to my room after the first day's work, the XO asked if I had learned a lot. I told him that I struggled with English but was doing my best to organize my notes. I showed him my journal in Korean, where I wrote down everything that I had learned that day.

At dinner that night, the XO mentioned my journal, and asked the Annapolis intern if he himself kept notes. He told him he, too, should keep daily notes on what he was learning. I was rather embarrassed but promised to continue doing my best. The steak for dinner was delicious. Later, we watched a western cowboy movie for off-duty officers, and then I went to bed. I couldn't sleep, so I went to the engine room to ask the engineer to explain the ship's machinery. I was very surprised when he showed me how the boiler for the turbine engines and the freshwater purifier--which desalinates seawater for the ship's drinking water––worked. They applied the heat from spinning the turbine (about 70 degrees Celsius) to the water purifier system to recycle the thermal energy. It was impressive!

The next evening, I attended a lecture on radar in the CIC room. While listening to the sound of the fleet radio, I learned about anti-aircraft, anti-ship, and sonar operations, as well as the task of recording the fleet situation on the screen board and reporting to the bridge. I saw the CIC's role as the ship's brain. I took copious notes and later briefed the captain on my progress in the officers' dining room. He said I was doing well and told me to get all the books I needed (except for the classified ones). When I returned to my room, I was surprised to find a book on turbines waiting for me.

One day, the head of the CIC expressed regret for being unable to provide me with all the classified documents. However, I reassured him that I had taken thorough notes based on what I had learned and was grateful for the officers' clear explanations.

My internship aboard the USS DDR HIGUBEE 806 lasted from September to December of 1951, and I reported back to the Naval Headquarters in Busan. My new assignment had already been announced, and I was assigned to the JMS308, the Japanese Navy's minesweeper. Upon arriving at the ship, I unpacked and met the captain, an experienced man who had worked on a merchant ship during the Japanese occupation. He guided me well in carrying out my duties, and I learned more about the sea and the tasks of a small naval vessel. By listening to experienced officers, I gained knowledge about ship administration, personnel relations, and staffing. After four months, I was transferred to the PF 65, where I studied steam reciprocating engines and gradually mastered the ship's engine workings.

After three months on the 65, I was transferred to the 63 as CIC officer. I reorganized and adapted my notes from the 806

Destroyer of the U.S. 7th Fleet, which helped me contribute to the ship's mission. The ship's captain acknowledged my helpfulness and said that the internship program on the US 7th Fleet proved to be very beneficial, and everyone agreed that I could contribute to the education of incoming junior officers.

Combat Information Centers (CIC) are slightly different in every navy and in different types of warships, but they are broadly the same. This is where information comes in from radars, sonars, cameras, electronic warfare systems, etc.

5. The wedding

We were stationed at Sasebo Port in Japan, where we were performing maintenance on our guns and radars. At that time, our PF-class ships could not be serviced at our shipyard. One morning after breakfast, as I was about to begin my shift, the captain handed me a letter. It was an invitation to my own wedding and an announcement of my impending marriage.

To my surprise, I found out that my classmates had arranged the wedding at the request of my girlfriend's family, and that it was scheduled for a date without my consent. My girlfriend happened to be the niece of one of my classmates, and we had met when my classmate took me to her home on our time off. We became close thereafter, but I had not considered marriage as I had nothing to my name. But my girlfriend's family was fond of me, and they told my friend to prepare and deliver the wedding invitations to the Sasebo Liaison Office in Japan. I was at a loss for words and embarrassed, and the captain recognized my predicament. He ordered me to take the ferry to Busan that evening.

I arrived in Jinhae without a proper suit, so I borrowed a summer khaki suit from an upper-class captain. On October 9, 1952, we got married at the Jinhae Naval Control Department

Church with Rev. Lim Kwang-sik officiating. The commander of the control department and my senior classmates congratulated us. To me, it felt like God had given wings to a helpless chick. However, my heart was a mix of gratitude and fear. I was worried about where we would stay for our new life, but an inaugural class senior who attended the wedding offered to provide us with his official residence. I was surprised and grateful, and I remember exclaiming "O Lord!" from the bottom of my heart in that moment.

As a newlywed soldier defending our country, our life together was not easy. Three days after our wedding, our ship was repaired, and I had to leave for a counter-espionage operation in the East Sea. We were tasked with capturing a spy ship off the coast of Jumunjin. After four days of 24-hour surveillance, we caught the ship at 3 a.m. The spies had already fled to land, and we couldn't approach the ship because of the explosives piled up on it. We eventually boarded the spy ship with the captain's authorization and found only dead batteries. There were no dead bodies--only evidence of their escape. We handed over the spy ship to a land unit as ordered and returned to DNL security after the operation.

This was our life as newlyweds while defending our country. I often felt guilty for leaving my wife and later children behind in my deployments, but I wore that guilt as a badge of honor for defending our country. I considered it my fate in life.

6. Alternation of work

After completing my PF63 assignment, I was reassigned to a military training camp where I was tasked with teaching new recruits how to handle military weapons. Instead of providing dry and theoretical lessons, I aimed to provide more efficient and three-dimensional instruction. At the time, audio-visual education was not available in the training camp, so I consulted with a U.S. Navy advisor and requested materials such as action photographs and films related to military weapons. When I used these movies to teach the recruits, everyone was pleased. Perhaps because it was a time when action photographs or films were rare, everyone seemed to pay attention. After completing their training, the recruits evaluated this military weapons course as the best subject in their training classes. I worked for seven months at the training camp before being assigned back to sea duty.

As the captain of the AMS502 ship, I participated in mine clearance operations in front of Wonsan and Yeonpyeong Island, completing 14 months of sea service. Afterwards, I was reassigned to the Naval Academy where I taught navigation and military weapons. Typically, I alternated between sea and land-based assignments. I felt that the school was a good fit for my skills as a land-based worker, as teaching meant I was also learning. Researching and learning to teach was an enjoyable experience for me.

Chapter III

How to Live?

1. First Study abroad to US

 After finishing my teaching duties as an officer at the Naval Academy, I received orders to complete a naval gunnery fire control course in San Diego, United States. It was my first time studying abroad. I took a propeller transport plane from Busan's Suyeong Airport and stopped in Guam before spending some time in Hawaii, and finally arriving in San Francisco. From there, I took a train to San Diego, which was a long journey.

It took a long time to arrive at the school and report in. This school was a naval education institution where naval officers from friendly countries around the world--including Germany, Greece, and Taiwan--were selected to study. There were 200 students total, including US Navy personnel, all studying together.

The course was a rigorous nine-month curriculum covering mathematics and physics for the electrical and electronic systems used in naval weaponry. It was a course on learning the mathematical theory of the electronic and electrical devices used in the operation of 5-inch antiaircraft guns that were set up using computers at that time. From January to October 1955, I received education on the overall electrical and electronic physics devices of the DD-class weapons system, which was not present in our Navy. The class was a rigorous curriculum from 8 a.m. to 3 p.m. every Monday to Thursday, with a test on what was learned every Friday.

2. Destiny

Destiny is something that has always been around us and is readily available. However, we may have overlooked it because we were not humble enough to recognize it. As I reflect on my life at my current age, I cannot help but feel some regret and shame about the missed opportunities that could have been blessings. Writing this book is an attempt to extend my connections and share my story with my family, friends, descendants, and future generations.

While studying in San Diego, I once suffered from otitis media (with pus development), which eventually landed me in the Naval Hospital. Fortunately, I was granted a week's sick leave to receive treatment. The school sent me class lectures every day, so I was able to keep up with the curriculum. It was at the hospital that I met a Korean military doctor who was training in otolaryngology at the U.S. Naval Hospital. Coincidentally, he invited me to his apartment for a Korean dinner, which was a delightful experience. I have fond memories of meeting him and feel indebted to him for the week of treatment and for taking me to see the famous San Diego Zoo on weekends. Despite the challenges of living away from home in a foreign country and dealing with a challenging curriculum, the serendipitous connections I made were a joy and a blessing.

I would like to share an exceptional connection that I had with an American couple whom I met on the train from San Francisco to San Diego. They approached me with a smile and asked if I was Korean. Their daughter was adopted from Korea, and they were pleased to meet a Korean. Despite not having met me before, they promised to visit me at my school in San Diego, treating me like family. After the Korean War, there were many orphans and children who lost their parents and were separated from them during the difficult evacuations. There was an active adoption program, and I was grateful to the people who adopted these war orphans. As a father of a daughter myself, I could tell that their sentiments were genuine. They gave me their contact information and invited me to their house whenever I was free, and we kept in touch. The kind couple, Mr. and Mrs. Godd, showed me a different world, and I have no doubt that something they instilled in me subconsciously played a role in my decision to immigrate to the United States with my family. I have learned that relationships are not only physical encounters but also deeper mental connections and values that stay with you for a lifetime.

3. Easter in Santa Ana

One day approaching Easter, Mr. and Mrs. Godd came to visit me with their daughter. They came on purpose for me, who was alone with no family and nowhere to go for the long Easter weekend. I jumped in the car to spend the Easter weekend with them. They lived in Santa Ana, California, a beautiful neighborhood south of Los Angeles. There were lots of orange groves nearby and the city was full of artistic culture and sensibility everywhere I looked. I was able to spend Easter weekend with the Godd family there, and they were celebrating the joy of Easter and greeting the day with gratitude. In Korea, that Friday was observed as a sad week of suffering, but here in Santa Ana, it was "GOOD FRIDAY" and everyone was in a festive mood. Korea and the U.S. are emotionally different countries. Americans focused on Jesus' resurrection more than his crucifixion on our behalf, while Korean people's Easter was more on remembrance of the painful crucifixion. That tells both the different history and cultures of two countries. Through the dark and difficult journey of the Japanese occupation and the Korean War, it seemed that the sentiment of the Korean church was to celebrate Easter with a focus on the hardships and trials of Jesus. The religious sentiment of the people here in US was very different from our Easter in Korea.

On Easter morning we traveled to a special place to attend the service. I can't remember the details, but we attended a joint service where a large cross was set up on a mountain and many believers gathered under it to watch the Easter service. The cross on the mountain symbolized the hilltop of Golgotha. I sang about the joy of the resurrection with the people gathered there, which was very impressive.

4. Meeting Olympic Gold Medalist Sammy Lee

After the Easter service, Mr. and Mrs. Godd informed me that there was someone I needed to meet. They took me to Sammy Lee's nearby home, where I was introduced to the famous Olympic gold medalist for the U.S. Sammy Lee was a local ENT doctor and a diving instructor who lived in a beautiful home with an orange garden and a pool where he could practice and teach diving. As the first Asian-American to represent the U.S. as an Olympian, his achievements elevated the status of the United States. Despite facing racial discrimination during his training, he won gold medals in platform diving at both the 1948 and 1952 Olympics.

In addition to his diving accomplishments, he was also a trailblazer in the Asian American community, being the first Asian American to win an Olympic gold medal in the United

States. Born in 1920 in Fresno, California, during a time of rampant racism against Asian Americans, Sammy faced numerous obstacles due to his race. He was banned from using the public pool in his neighborhood and was only allowed to practice just before water change at the community pool once a week. Nonetheless, he developed a unique diving style that blended Western and traditional Asian techniques. Through hard work, perseverance, and talent, he became one of the greatest divers in history and an inspiration to many Asian Americans.

Sammy Lee was not only an Olympic medalist and physician, but also a trailblazer in his community and a role model for children growing up in America and around the world. Meeting him was a great blessing for me, and his story served as a guide for how I wanted my own children to navigate the world.

Easter 1955 gave me many things to be thankful for that I hadn't expected. Returning from Santa Ana, I once again prayed a prayer of thanks to the risen Jesus for sending living angels Mr. and Mrs. Godd.

5. Return home

I graduated from the Naval Academy classes with a 3.8 GPA (out of 4) with honors and was preparing to return home. For nine months, I communicated with my family through letters. I had money set aside to buy gifts for family members that I so missed. During my time abroad, I had a $5 per day food stipend provided by the school, and I was able to eat three meals for only $1.50. I was able to save $3.50 every day, so by the time I returned home, I had quite a bit of money. I was able to save about $100 a month.

I was excited to go back home. I went to a department store called Sears and did some shopping. I bought chocolates and dolls for my daughter and a $150 mink coat for my wife. When I left Sears, there was a big used piano store next door, and that was when smaller pianos were starting to become popular. So, there were a lot of large used pianos on the market. At first, I didn't think about buying a piano. At that time, one of my classmates was in San Diego as an assistant captain to take over an LST, an amphibious assault ship. I was encouraged by this, and I bought two pianos for $400 and sent them to the ship. I bought two because I wanted to teach my daughter to play, and I wanted to give one to my mother-in-law as a gift. Later, when I was transferred to Seoul, I was able to sell one of them to put a deposit on a house, which made me realize that all of this is not something that can be organized by just my human effort. Studying in the U.S. gave me a lot of values and ideas. It was a great calling point in my life, where my eyes were open to the wide world - the differences, the characters, and personality of people who think and live differently - and that I had a lot to learn. I was only 27 years old then. It was an opportunity to ask myself how to live and what to live for. After traveling through San Francisco, Hawaii, and Guam, I arrived safely at Sooyoung Airport in Busan. Jinhae Jangbuk Mountain was already turning autumn colors.

6. Work in Gongchang

After returning from the United States, my first duty station was Jinhae Gongchang, which is now the Maintenance Depot. I was anticipating my turn to serve on a warship, as per the alternating land and sea duty order. However, I was surprised to receive an unexpected order from the deputy chief of Gongchang.

Upon receiving the order, I took some time to consider it. I was tasked with making changes to the ordnance factory, which required creating a blueprint and making important personnel changes. I firmly believed that Gongchang should no longer solely serve as a naval forge and that bringing in skilled individuals from the machine, electronics, and electrical shops was necessary. However, when I requested such personnel, the deputy director immediately rejected the idea, which was insincere and frustrating. As a result, I informed the captain that I could not work in the factory under those conditions and left the deputy chief's office, protesting.

As I walked out in despair, I was unexpectedly summoned by the chief, which made me even more nervous. However, the director surprised me by saying that he would take care of everything according to my suggestions. In the meantime, I was instructed to urgently repair the 40mm guns at the dock. I breathed a sigh of relief and started the repairs the next day.

During the repair process, I encountered a problem with the electronic circuit board, which needed replacement. However, the part was not in the supply depot warehouse, despite being listed in the inventory records. I requested assistance from the supply depot and sent a message to the commander's office of the control unit, explaining my predicament and asking them to mobilize the naval police to search all the radio repair shops in the city of Jinhae.

Eventually, one shop turned up the required part, and the repairs were completed. Upon return from a fleet meeting, the deputy captain expressed his gratitude and encouragement. Later that evening, I received a gift box containing 12 bottles of Johnnie Walker Whisky, which I was happy to use as a small gift for seniors living in my neighborhood who had always shown my wife and me love. However, the inaccurate supply system was a cause for concern, and there were several other issues with the system that required attention.

7. Establishment of an Ordnance Factory in Gongchang

In order to establish a naval ordnance factory in Gongchang, I organized the experts I needed and finished designing the factory. The only thing left was to prepare for the necessary equipment. To do so, I went to Hawaii, where the U.S. Navy had an ordnance factory, to study their installation structure. The U.S. Navy's ordnance officer recommended that I and an engineer officer from my team tour the Hawaiian factory.

Over a period of three months, from August to October 1957, we thoroughly studied all the materials and facilities at the Hawaiian factory, taking into account the specific needs and conditions of our situation. Based on this research, we created a new design for the Gongchang Ordnance Repair Factory, which had never existed before in the Republic of Korea Navy. While the U.S. Navy's shipyard was impressive, we were eager to create a factory that met our specific needs.

Using the Hawaiian factory as a benchmark, we installed a 20-ton overhead crane and built a state-of-the-art ordnance repair shop that would be able to accommodate future destroyers. Some people questioned why we needed such a large crane, but I had a good presentation ready to convince them. I believed that the crane was necessary because we would soon introduce destroyers that required advanced equipment.

Ultimately, all decisions were made based on our design, and the shop was completed. Afterwards the number of our warships with 5-inch guns increased, making the establishment of the factory a wise investment. From November 1957 to June 1958, I was promoted to the rank of navy lieutenant commander and stationed at Gongchang in the Ordnance Department. After completing the Ordnance Factory, I returned to sea duty.

8. Reality of the South Korean Navy

I served as a captain aboard the PC703 from June 1958 to July 1959. This vessel was originally designed as a training ship in the United States, and it carried a crew of 70 sailors and four officers. Despite its designation as a patrol craft, the PC703 was equipped with only a single 3-inch gun and a 20-millimeter machine gun. And it lacked radar technology. These limitations made it ill-suited for the task of patrolling neighboring waters and safeguarding the South, West, and East Seas. Nevertheless, despite the vessel's shortcomings, we served as part of the Korean Navy with a sense of duty and pride.

In hindsight, the five western islands and the Northern Limit Line were areas of critical importance where the interests of North and South Korea were in sharp conflict. Therefore, the South Korean Navy should have prioritized these areas in its strategy to support national security policies.

Article 2 of the Armistice Agreement stated that "the five northern islands shall remain under the military control of the Commander-in-Chief of the United Nations Forces Korea." Based on this, the Commander-in-Chief of the United Nations Forces Korea (UNFK) established the Northern Limit Line (NLL) for effective control and issued relevant rules of engagement to the South Korean Navy. Unfortunately, the South Korean Navy was bound by the UN commander's rules of engagement and was unable to take proactive measures to counter North Korean provocations in these waters. As the de facto implementing party, the South Korean Navy conducted maritime operations in support of the UN military commander's mission centered on the Northern Limit Line.

North Korea continued to violate the armistice agreement, and the UN mission was unable to take effective countermeasures against these provocations, which hampered the UN military commander's ability to fulfill his mandate in these waters. Since the ceasefire, the United Nations continued to fight North Korean provocations to defend western North Korea and maintain the ceasefire regime along the Northern Limit Line and in the waters of the Korean Peninsula. The Northern Limit Line in the West Sea and South Korea's neighboring waters were the target of intense North Korean provocations, and the South Korean Navy was involved in fighting these incursions.

The war at sea continued despite the cessation of gunfire on land. One example is the frequent hijacking of fishing boats. Thankfully, my 13 months at sea were uneventful. I was then promoted to commander and then transferred to the Office of the Inspector General of Ordnance at the Naval Headquarters in Seoul.

9. Study of Nuclear warfare and Information

During my service in the Ordnance Department at Naval Headquarters in Seoul, I had the opportunity to spend ten months at the U.S. Naval Weapons Agency in Washington, D.C. There I received training in the study of nuclear warfare and intelligence.

In 1945, the United States had begun a major research campaign called the Manhattan Project. This project culminated in the detonation of the first atomic bomb at Alamogordo, New Mexico in July of that year. Following the successful test, atomic bombs were used on the Japanese cities of Hiroshima and Nagasaki in August 1945. The Soviet Union began developing its own atomic bomb shortly thereafter. At the end of World War II, the United States was the only superpower with nuclear weapons, but this did not last long. With the aid of a network of spies who stole American nuclear secrets, the Soviet Union successfully tested its own atomic bomb in 1949. The United States and the Soviet Union then entered a prolonged period of hostility known as the Cold War. Both countries increased their strategic bomber fleets and developed ground-based intercontinental ballistic missiles capable of reaching cities thousands of miles away. Eventually, submarines were also equipped with nuclear missiles, making it easier to carry out devastating attacks. The relationship between the two countries became increasingly tense, and the intelligence community had to adapt and accelerate. For the United States, South Korea's geopolitical position became more important and necessary than ever, both militarily and in terms of intelligence.

Given the context of the nuclear Cold War, it made sense for the United States to utilize the Republic of Korea Navy as a friendly base. Teaching the principles of nuclear warfare would have been considered highly important, if not immediately so. Eventually, the United States and the Soviet Union reached a stalemate, and both countries practiced a strategy of mutually assured destruction. This meant that even if one country succeeded in launching a surprise attack, killing millions and causing widespread destruction, the other country would still have enough weapons to retaliate just as brutally. Information therefore became as much a tactical weapon as nuclear bombs.

One might wonder how much a Korean Navy commander could have learned in just ten months. I regret that we emerged with little more than understanding of the existence of nuclear weapons and the importance of information before we had to return.

10. Two Faces of America

After spending 10 months in Washington, DC, I decided to take a cross-country trip back to San Francisco by Greyhound bus, traveling through the southern part of the United States. I believed this would be a great opportunity to explore the vast continent.

However, during my journey, I witnessed the turbulent and troubling times in America. While the country portrayed itself as a defender of freedom to the world, it was grappling with deep-rooted racism and social injustice. This was the height of the Human Rights Movement, and racism was a severe problem, particularly towards black people.

As I traveled farther south on the Greyhound bus, I felt the discrimination against black people more acutely. Despite the abolition of slavery after the Civil War, black people were still experiencing social, economic, and political oppression, and Jim Crow laws legally enforced segregation in public places in the southern states. These laws created unequal treatment, and black people were at a disadvantage in areas such as education, housing, and social security. The North had invisible racism, though less intense. On the bus, my group and I had to wonder where we should sit. The black bus driver instructed us to sit in the front, possibly because we were wearing naval officers' uniforms. Water fountains and restrooms were also segregated, and we used the white facilities without anyone saying anything.

On my trip, I also saw the vast American landscape, including the seemingly endless oil fields. The United States was the most potent country globally, as it had superior economic, diplomatic, and political influences. It was America at its best. However, the country still struggled with racism, which was evident on my journey.

Now, decades later, it's heartening to see the world slowly closing the gap, and South Korea is a great example of this. However, I was troubled by Donald Trump's 2016 campaign slogan, "Make America Great Again," which sounded self-righteous and self-serving to me. It reminded me of the America I saw in 1961, a country competing with the Soviet Union during the Cold War, ravaged by racism, yet at the peak of its wealth and power.

Finally, after many bus driver changes, I arrived safely in San Diego, reflecting on my journey and the America I saw. It was an eye-opening experience that made me contemplate the country deeply.

Chapter IV

Turbulent Times

1. Turbulent Times

Upon my return to Seoul and reporting for duty, I was assigned to the Jinhae Higher Military Academy, where our main focus was learning about the Constitution of the Republic of Korea.

However, the military coup **d'état** on May 16th changed everything. From May to August of the same year, I was stationed at the Maritime Administration in Gunsan and Janghang, where the revolution had little impact on the navy. It was during this time, due to the military government's reorganization, that I was reassigned to the Gunsan and Janghang Maritime Administration. Unfortunately, corruption and collusion with local officials were deeply rooted issues at the time.

After completing my duties in the Revolutionary Administration, I served as the Executive Officer (XO) of PF 63 for ten months, followed by my enrollment in the Naval College from September '62 to June '63. From July '63 to March '65, I worked as a professor of naval science at the Joint Staff College in Sooseik for twenty-two months. As part of my teaching, I undertook the translation of the British book "JAMES FIGHTING SHIP" and utilized slides to deliver engaging and illustrative lectures on warships, aiming to make the subject more vivid and captivating. By incorporating audiovisual elements, I successfully generated interest among

Army and Air Force officers in what could otherwise be deemed a monotonous naval subject. I received heartfelt appreciation from students of other military branches who fondly remembered the popular naval science lectures.

Upon concluding my mission as a professor in Naval Studies, I assumed the role of a logistics officer at the Jinhae Naval Control Center from March '65 to September '65. During this time, I was informed about plans to cut down the pine trees in the nearby mountains of Jinhae, citing an infestation of pine beetles as the reason. Having grown up in a rural area with abundant pine trees, I harbored doubts and expressed my objections to the idea of felling healthy trees. I strongly believed that a more comprehensive and objective assessment was necessary. Consequently, I collected samples and sought analysis at the Seoul National University Agricultural Research Center in Suwon. The results revealed that the proposed tree felling was unnecessary. However, a budgetary oversight had already allocated funds based on the assumption of tree felling, requiring me to make multiple trips to Seoul to rectify the budget revisions. If I had not intervened to prevent the fellings at that time, there would be no pine trees remaining in the vicinity of Jinhae today.

2. Deployment to war and my wife's faith

After completing my eventful assignment as a logistics officer in the Command and General Staff in Jinhae, I was assigned to the Korean Military headquarters in Saigon. One of my students, a colonel who learned naval studies at the Joint Chiefs of Staff Academy, was stationed at the ROK Military headquarters in Saigon and the colonel recommended me to General Chae Myung Shin as the Naval operations officer. The operations staff officers were mainly from the army, holding the rank of colonel. As a navy commander, it was a special case to take on the role of an operations staff officer.

I immediately boarded an L19 Army transport plane to Seoul upon receiving the orders. From that moment on, I became a member of the ROK military Headquarters in Saigon and was given a mission. The plane arrived at Yeouido Airfield, where I was greeted by senior army officers who had formed a team, and the mission orders were already underway.

Explaining this situation to my wife and family was a truly difficult task. I will never forget my wife's calm demeanor when I shared the new assignment with her. Despite being a delicate woman, she displayed the image of a strong mother raising our four children, as if she had practiced how to appear to a husband going to the battlefield. To my wife, who had already experienced the hardships of war through the Korean War, it must have been an incredibly challenging situation to take. With her mature faith, she rather gave me great courage and trust.

Later, when I returned from Vietnam, my wife told me that she had heard terrible stories from people in the neighborhood. We had recently moved into the house in Yaksoo-dong where we were living. As I primarily worked in Jinhae, my wife took care of our children studying in Seoul and managed all household matters. She even handled the house relocation, including contracts of buying and selling. This house was priced unbelievably low, and my wife had bought it. Apparently, the house was known to be a place associated with shamans. People in the neighborhood said that the house had been the site of a shrine a long time ago and was considered a spiritually powerful place where shaman rituals had to be performed once a year. If not, illness or accidents could occur to the male house holder, and there were even cases of death in the past. She heard such stories from the people about the same time I received news of my deployment to the Vietnam War. Looking back now, my wife overcame all those superstitions and suspicious stories with her faith.

On the day we moved into that house, my wife gathered all the talismans, strange paintings, and items left behind by the shaman in the middle of the home yard and burned them. It caused great concern among the neighbors who witnessed the scene. They wondered how a young woman could bravely endure such adversity. Every time she heard superstition stories from neighbors, she gave the words from the Acts of the Apostles, "Believe in the Lord Jesus, and you will be saved—you and your household," and she evangelized to them. When I returned from the war in good health and without any bad things having happened, many of my neighbors believed in Jesus and became Christians. The Vietnam War brought a deeper faith to our family and remains a testimony of our faith.

3. The Vietnam War

Vietnam turned out to be a place much hotter and more humid than anticipated. Each day, the headquarter's operations staff received fresh briefings and reports of victories. The Cheongryong and Maengho units competed in delivering their battle reports, as if engaged in a friendly rivalry. However, it was challenging for all of us to endure the news of our allies' casualties rather than celebrating our triumphs.

The involvement of the United States in Vietnam, which was a civil war with characteristics of a proxy war amidst the Cold War tensions between the two superpowers--the United States and the Soviet Union--had many underlying factors. In the end, the uncomfortable truth about the Vietnam War was that it exemplified the saying "when whales fight, the shrimp's back is broken." North Vietnam (communist faction) received support from the Soviet Union, while South Vietnam (free world faction) intensified the conflict with assistance from the United States, leading to the deployment of South Korean troops, who were allied with the United States.

The deployment of South Korean troops to Vietnam was not solely driven by treaty obligations. It began under the premise of "faith in the free world." Moreover, from the perspective at that time, the Vietnam War had direct implications for the security and economic development of the Korean Peninsula. The decision made by the South Korean government, amidst various challenging domestic and international circumstances, marked a crucial event that had a profound impact on the nation's survival and economic progress, outlining a significant chapter in history.

Many people commonly refer to the Vietnam War as a mercenary war. However, I believe that labeling it as such undermines its historical significance and reflects a disrespectful bias, lacking self-awareness. These were brave soldiers who, following their nation's command, risked their lives and actively participated in the war, and they deserve to be recognized as honorable veterans who completed their service and returned safely.

An incident occurred during the process of soldiers boarding the ship for their journey back home. It took place during the inspection at the port where hazardous materials were checked and prohibited items were confiscated. One soldier's military backpack spilled Vietnamese rice. When the surprised American inspector asked about it, the soldier explained that it was a gift for his family in the countryside, who were struggling to have three meals a day. Witnessing this, General Chae Myung-Shin gave instructions to give the soldier a TV set and camera that he could take to his family as a gift. This episode left a poignant impression on everyone who witnessed it.

Finding a way to rapidly combine security and economy for a nation was very challenging. Lack of resources posed a dilemma and left no room for alternative choices.

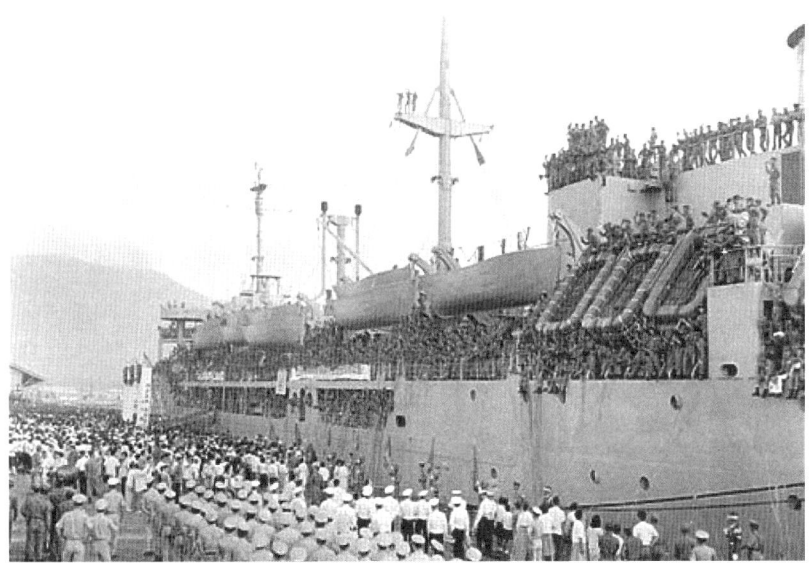

4. Defiance of Orders

"Article 44 (Defiance of Orders) of the Military Criminal Code stipulates punishment for those who disobey or resist lawful orders from a superior officer, depending on the severity of the offense."

Defiance of orders is a serious crime in military organizations, particularly during wartime.

This story is about an incident that occurred when an operation to land the army between Qui Nhon and Nha Trang was ordered. The incident began when I, as a naval operation staff member, raised objections to the order. This led to a "defiance of order" charge that became a major incident. Depending on one's perspective, this issue can be widely interpreted, and it can even touch upon sensitive egos if personal motives are included. As with all decisions in the world, logic and reality must be given weight to the cold results of gains and losses, so principles or protocols are necessary in these situations.

This operation could not proceed as ordered since a naval operation was necessary prior to a landing operation. Thus, the naval operation staff member's opinion that the operation without the navy should not be carried out led to a "defiance of orders" charge that led to this incident.

There is no single correct answer to everything. While the

military may appear to be an absolutist relationship of orders and obedience, the logic and systems of organizations exist to help make rational decisions. Since human life is at stake in wartime operations, even more so, rational, and logical judgment is required. I believed that gains and losses should always prioritize human life over quick achievements. I proposed my objections, only thinking, "isn't it a simple matter of asking for navy's consultation?".

The flower of war is achievement, but like gambling it can become quite rude. Ambition to achieve something can lead to competition. However, I believed that it was my duty to fix decisions that were illogical. In the end, I almost ended up before a court martial trial.

The Naval Academy studies don't just teach the basics of naval warfare. They are courses for creating logical and rational tactics. Like microeconomics and macroeconomics in economics, naval studies are a discipline that teaches macroscopic and microscopic ways of obtaining maximum results with minimal damage in a campaign. It is a fundamental study to learn efficient operations that link wars to victories and minimize damage to friendly forces.

During the military peer review prior to the court martial, a colonel in the army who had learned naval studies from me at the Joint Chiefs of Staff College spoke up for me and gave a good logical explanation of naval preparation prior to the landing operation, and that ended up helping my case. He explained logically that a landing operation was not simply delivering troops by ships, but that naval preparation was necessary to lead to a successful operation.

He articulated my thoughts eloquently. He made a

compelling argument that for such an operation to be successful, the priority was the checking and removal of minefields at the landing site, a task that necessitated the involvement of the Underwater Demolition Teams (UDTs). Additionally, suppressing enemy fire from the ship was crucial to ensuring that the landing would be safe and that our troops wouldn't sustain any harm. He logically explained these concepts in the same way I had taught him.

Eventually, the operation was cancelled, and as it later turned out, the landing area was filled with numerous mines and other perilous hazards.

5. Mission of Teaching Vietnamese language

During my civil affairs assignment, one of the most noteworthy projects I undertook for the Korean Forces Command was the development of a crash course program of Vietnamese language.

As ROK troop deployments increased, the scope of their missions expanded significantly. From basic tasks such as providing medical care, teaching taekwondo, and guarding airfields, the operations grew more complex, encompassing broader Tactical Area of Responsibility. As the diversity of operations increased, it became evident that learning and utilizing the local language were as crucial as other tactical skills. The language barriers faced by early deployed veterans in Vietnam played a significant role in motivating the ROK military to prioritize language training.

This necessity arose primarily due to the lack of pre-deployment Vietnamese language training and insufficient preparation time. Given the limited timeframe available to prepare for deployment, emphasis was placed on acquiring essential combat tactics, such as countering Viet Cong strategies, rather than language proficiency. Additionally, there was shortage of Vietnamese language instructors.

I received orders to proceed with the project and began with implementing mandatory classes for officers at the captain level.

I utilized the facilities of the language school within the South Vietnamese Army, which were generously provided by them. An army major was assigned as a practitioner at the school, and we urgently recruited teachers from the Korean-Vietnamese community who were proficient in Vietnamese. Despite the establishment of diplomatic relations between South Korea and Vietnam in 1956 and the efforts to foster various exchanges through leaders' visits, Vietnamese was not an easily acquired language. Consequently, finding qualified Vietnamese instructors posed a challenge due to the limited number of institutions and personnel available for teaching the language.

It became increasingly clear that in protracted wars like the Vietnam War, civil affairs played an equally crucial role as military operations. Thus, learning and utilizing the local language were recognized as essential skills for success in such conflicts.

6. A War with No Victors

The Korean War and the Vietnam War have many similarities. They were both ideological wars fought during the Cold War – the era that followed the two world wars of the 20th century. They were fought on the territory of the liberal democratic Republic of Korea (ROK) and South Vietnam, supported by Western nations such as the United States, and the communist North Vietnam and Viet Cong, supported by communist nations such as the Soviet Union and China. It was a proxy war fought by the United States and the Soviet Union during the Cold War under the campaigns of defending freedom on one side and people's liberation on the other, with different ideologies and systems.

In Vietnam, the war pitted families with contrasting ideologies against each other, with fathers fighting for the North Vietnamese Army and sons joining the ranks of the Viet Cong. This created a persistent state of unease even in pacified areas. It was impossible to predict when a civilian might suddenly align with the Viet Cong and launch an attack. The Viet Cong employed guerilla tactics, hiding in palm treetops or forests, and ambushing passing allies. Witnessing their comrades coughing up blood and dying, the young soldiers couldn't help but lose their composure. Intense battles with the Viet Cong ensued, resulting in even greater casualties.

For whom do we sacrifice our lives? What is the price of sacrifice, and what reward could possibly justify it? War is the epitome of evil, capable of annihilating everything humanity has achieved in an instant. War should never occur.

In war, there are no winners.

7. The home of Vietnam War soldier

In Korea many houses displayed a sign on their gates, provided by the government to families whose sons, brothers, or fathers had gone off to fight in the Vietnam War. I wonder if it brought them any comfort to see that sign on their doors as they entered and exited their homes, filled with pride. However, it must have also evoked feelings of sadness and anxiety, as they hoped for the safe return of their loved ones.

These homes belonging to Vietnam War soldiers received special treatment. During that time, when telephones were being distributed to households, they were given priority installation due to the high demand. Additionally, their civil complaints were also prioritized for resolution. I experienced this firsthand. As my children were growing up and my house felt cramped, I decided to build an extension towards the greenhouse in my yard, unaware that I needed prior permission. Even for constructing an extension on my own property, I had to seek permission from the government. When the construction was nearly completed, officials from the ward office visited and issued me a citation for illegal construction. The citation stated that I would have to pay a fine and demolish the extension since it was deemed unauthorized. I was at a loss as to how I could demolish everything. I contacted the ward office and explained the situation, emphasizing that it was a Vietnam veteran's house. After a short while, I received a call from a responsible person who assured me that someone would be sent to assess any potential issues. If no dangers were found, they would grant me a permit. Whether it was due to sympathy for the veteran or special treatment, the government was willing to assist. After the inspector conducted a brief inspection, the construction was approved, and I was granted a permit for the extension. Moreover, during that period, after heavy rainfall, when the streets were filled with potholes, I recall how swiftly they would come and clean up the roads by our house. It was evident that society made efforts to provide convenience for the families of war veterans in various ways.

8. White Boxes

The memories of war linger like searing heat, refusing to cool. Who does war serve and what purpose does it truly hold? The Vietnam War epitomized the paradox of being an ally by day and an enemy by night. If the objective is to preserve life, how can we ever compensate for the senseless loss of lives? This war, for which no one bears sole responsibility or guilt, remains irreversible and unalterable. The deceased cannot be resurrected, and the past cannot be undone. I returned from the Vietnam War carrying an unhealable wound that seemed to worsen under the relentless heat.

The Vietnam War resulted in numerous casualties among the armed forces, and the national television was occupied with glorifying the soldiers by broadcasting reports of victories. As someone who survived the war, I always experienced a mix of remorse and gratitude. Memories of the white boxes stacked in the plane to return still bring tears to my eyes. It is profoundly tragic that young men went to a foreign land to fight for their country and ended up as mere ashes in those white boxes. I feel perpetually indebted to them, knowing that their spirits continue to protect this nation.

Chapter V

The Journey⋯

1. The Path of a Soldier

During a recent journey with my son, we had engaged in a heartfelt conversation about regrets and disappointments regarding the less-traveled path, as immortalized by a poet's song. We delved into Robert Frost's poem, which resonates with countless individuals as a metaphor for life's journey. It portrays the struggle of making choices, encountering crossroads, and occasionally meandering. It was a significant discussion that every father and son should have at some point.

The path I travelled as a soldier is distinct--it is a path of command and obedience. I took immense pride in the uniform I wore and following orders unquestioningly to protect the interests of my country. As a soldier, it is crucial to possess a sense of pride in one's organization and diligently execute orders and instructions. It contrasts starkly with a path where choices abound. The yearning for the road less traveled is just a lingering romantic idea.

It was an era when military personnel assumed presidential and political roles. Accustomed to a hierarchical structure of command and obedience, they faced challenges when representing ordinary citizens in politics. Likewise, it was not easy for the people to embrace them. However, in the interest of the country's future, it was necessary to carefully weigh the advantages and disadvantages.

Integration proved to be a challenge for military fathers and their children. In this post-war era, where securing a livelihood took precedence, transformation was ongoing. Our country, experiencing economic improvement after sending soldiers to the Vietnam War, began placing increased urgency on pre-industrialization rather than democratization. Unbeknownst to me, the tension between pro-democracy and pro-industrialization factions was escalating. As time passed, it was apparent that society—and my children as well – needed to adapt. The friction between fathers and children, who had perpetually lived as if the nation were at war, became a pressing issue that could not be overlooked. I couldn't allow my children to adopt a soldier's mindset solely because their father was a soldier.

After returning from Vietnam, I was promoted to rank of captain and assigned to the Navy's headquarters as deputy chief of ships. I came to Seoul and spent time with my family. My children had grown up, and I was grateful for them and my wife for raising them well. For a soldier, a family reunion is like a flower that blooms for only a few days. Before you can fully appreciate its beauty, you're off to your next deployment, or you're plunged into an unfamiliar and difficult period of adjustment to a family you haven't seen in a long time with a different culture.

The children were growing up smart and wise. I felt sorry for and grateful for my wife, who had to take care of the children's education and their constant need for parental attention and support. The organization of the military has always been consistent with command and obedience, but there is a lot of friction between the military way of life and the open education of children who are growing up freely. The children were nervous around me, and I think they found it difficult. I was also nervous, and it was not easy. Growing up without parents at a young age, I often felt my own inadequacies in the absence of a family. I really appreciated my wife's dedication and the children's ability to grow up without me. The time I spent with my children while living at Naval Headquarters in Seoul was invaluable; from January '67, when I transferred to the Headquarters Public Affairs Office, until I was transferred to the Ordnance Department in '70, I watched them grow up for the first time in three years, and we ate together as a family at one table.

After those years I was deeply troubled. The questioning of my existence as a father and as a husband deepened. I realized that it was just as important to protect my family and raise my children to be the people the country needed as it was to follow and obey orders for the sake of the country. After two years at the Jinhae

Armory, I was transferred back to the headquarters in Seoul, where I served as a deputy chief of munitions. I retired as captain from the Republic of Korea Navy on November 2, 1972.

2. Another Beginning

My retirement marked a significant turning point in my life, particularly as a father who was deeply concerned about his children's future. It brought forth a new level of commitment for me. As my eldest daughter enrolled in Yonsei University, my second daughter attended Ewha Women's High School, and my son joined Seongdong Middle School. All of them became diligent students and immersed themselves in their own lives. Among them, my youngest daughter, who was in elementary school at the time, appeared to be the most thrilled about my retirement. She would joyfully take our dogs for early morning walks at Namsan Spring Water on weekends. The memories of those blissful moments still bring tears to my eyes.

I desired to provide my children with the opportunity to study in the United States. Each time I visited the U.S., I found myself deeply intrigued by its education system. Through conversations with people I met, I discovered that in the United States, one doesn't need to be wealthy to pursue education. It was explained to me that individuals could study to their heart's content as long as they had the desire to learn. Unfortunately, I lacked the financial means to send my children to study in the U.S., so I harbored the hope of immigrating there following my retirement from the Navy, should an opportunity arise. And indeed, such an opportunity presented itself. At that time, companies engaged in exports to the U.S. could easily obtain commercial passports and visas. Language proficiency wasn't a major hurdle, and my prior experiences of studying abroad in the U.S. instilled me with great courage. With the assistance of a close friend, I embarked on a journey to the U.S.

Leaving the Navy was a remarkable adventure, requiring immense determination and exertion for a retired Navy captain to transition into the role of a captain on an oceangoing vessel, secure employment, or embark on a business venture. During that period, Korea lacked a well-established support system for veterans. Even with the government's assistance, realizing one's aspirations demanded personal willpower and unwavering effort. Those on the verge of leaving the Navy had to take the initiative and make concrete and practical preparations for their entry into a new world. In my case, I made the decision to prioritize my children's education and their future.

While I could have pursued post-retirement jobs in Korea, the allure of the "American Dream" captivated my imagination. I first heard about it from the Godd family, whom I had encountered many years ago, and subsequently from Olympic Medalist Dr. Sammy Lee and numerous other individuals I had met in the

United States. The American Dream, in essence, embodies the belief that anyone, regardless of their place of birth or social class, can achieve personal success in a socially mobile society. This concept resonated with me because it was a dream accessible to all, irrespective of race, religion, or nationality. Naturally, the American Dream wasn't realized through happenstance, but rather through sacrifice, risk-taking, and diligent work. The notion that one is assured to reap rewards proportional to their efforts proved incredibly inspiring.

3. Immigration

On Children's Day in 1973, I departed South Korea for the United States, marking a significant moment in my life. Although I had visited the United States multiple times before, this departure felt entirely different. Perhaps it was because I wasn't leaving from Sooyoung Airport in Busan, or maybe it was because I wasn't dressed in my Navy uniform. This sense of awkwardness and nervousness was mixed with a strange combination of anticipation and anxiety. Unlike previous trips, this wasn't a journey with a predetermined return date or a clear plan. While I had friends who offered to help me upon my arrival in the U.S., I held no specific expectations. Having been hardened by years of military service, both mentally and physically, I felt confident in facing any challenge. However, the responsibility of building a future for my family in the new world carried a different weight and caught me off guard. With little money and a vague belief that hard work would pave the way, I left for the United States.

Although it was technically a business trip with a commercial passport and visa sponsored by a friend's company, it resembled a disguised immigration. While I had a friend awaiting me in Los Angeles with a significant business opportunity, my desire was to settle on the East Coast for the sake of my children's education. With this intention in mind, the time came when I had to bid farewell to my family at the airport. My wife and family were unaware of my true intentions; they only knew that I was representing a friend's export company, which heightened my nervousness. Even an astronaut aboard a spacecraft wouldn't feel as anxious as I did. Although I was flying to the U.S. on a regular plane, not a spaceship, I couldn't shake off the nerves about the future that I already sensed in my body.

Coincidentally, the pastor of the church I was serving at the time came to the airport to deliver a farewell sermon and offer a blessing. The sermon happened to be based on Matthew 6:26: "Look at the birds of the air; they do not sow or reap or store away in barns, and yet your heavenly Father feeds them. Are you not much more valuable than they?" This verse held personal significance for me, as I had received it during the entrance ceremony of the Christian Foundation school, I attended in Jeongju--Jeongju Shinan Private School. It was a verse that the entire school would sing whenever we gathered, so it remained ingrained in my memory.

As I listened to the sermon, recalling the words God had bestowed upon me in my childhood, a sense of calmness washed over me as I realized He was accompanying me on this path.

During the 10-hour flight, as I continued to repeat the verse, a deep sense of gratitude welled up within me. I felt ashamed for momentarily forgetting my faith and neglecting the fact that God was guiding me through all things despite my many shortcomings. Throughout the flight, I engaged in introspection, reflecting on my past experiences and cultivating renewed determination and self-assurance. Eventually, the plane landed quietly at Honolulu Airport.

As I proceeded through the immigration process in Hawaii, an unexpected situation arose. I was informed that I had to pay a $25 customs fee for my newly tailored suit. Unaware of such a procedure--as my previous travel had primarily been on military aircraft--I was taken aback by the fact that I was being charged for a suit I had brought along to wear. Feeling helpless, I vividly recall experiencing a moment akin to a childhood nervous breakdown at the 38th parallel. Reluctant to argue with the authorities, I paid the $25 out of fear that objecting could lead to further penalties. It was a peculiar circumstance that remains ingrained in my memory.

Up until that point, my identity as a captain in the Republic of Korea Navy had largely remained subconscious. However, this incident served as a pivotal moment for me to quickly recognize the reality of my new situation. I realized that without my uniform, I must have appeared small and insignificant. Looking back now, I comprehend that it was a significant lesson, a milestone, to realize that the privileges and treatment enjoyed by an officer of the Republic of Korea Navy while in uniform overseas no longer applied.

After enduring a lengthy line at immigration, I finally arrived at a spacious lounge, awaiting my connecting flight to Los Angeles, which would depart in two hours. It was a momentous occasion, as I stood there at 43 years of age, embarking on a new chapter in my life.

4. To the East

To travel to the East Coast, the long route with Korean Air involved a stopover in Hawaii before reaching Los Angeles. From there, I had to switch to a domestic flight to reach my destination on the East Coast.

Upon landing in Los Angeles, I was warmly greeted by a friend who graciously drove me toward downtown. I felt relieved to be in a car after a long flight. He took me to his workplace, which was a large sewing workshop bustling with South American women operating sewing machines and creating garments. Situated in downtown, it was a substantial factory. My friend enthusiastically explained his business, sharing his achievements and discussing his sewing factory in a language I couldn't comprehend. Fatigued from the extended journey and feeling anxious, his explanations failed to register with me. I admired his success and envied him as a prosperous American entrepreneur, but I wasn't particularly interested in his business. I was taken aback when he abruptly inquired about how much money I had brought along. After a moment of reflection, I realized that his stories of business success and the eccentric factory tour was done as if I were a potential investor from Seoul. Weary from the long flight, I had only been in Los Angeles for a few hours when he boasted about his business and its scale as a great investment opportunity, and then proceeded to ask how much money I had brought from Korea.

Having spent many years in the military, there were numerous aspects of business that I was unfamiliar with. Perhaps I had the notion that possessing a substantial amount of money would enable me to invest in his venture or become a partner, leading to an easier acquisition of a green card and settlement. However, the only funds I had were my pension to support my family in Seoul and the legal limit of $3,000 that I brought with me. Unbeknownst to me at the time, it is uncommon in the United States for individuals to start businesses solely with their own funds, as most ventures are financed through bank loans. I realized that his interest in me stemmed from the fact that investment immigration was a convenient pathway for individuals with financial means to come to United States. I suppose he assumed that as a retired Navy captain, I would have immigrated with a substantial amount of retirement funds. I had heard rumors that he had achieved even greater success and was well-known within the Korean American community, but I later discovered that he had become entangled in illicit financial activities and was being pursued by the FBI.

The United States is an expansive country, spanning a vast

continent. Traveling from the west to the east alone takes five to six hours by flight. I had a desire to settle down on the East Coast, which I perceived as an ideal location for education and raising my children. Consequently, I made the decision to head to Washington DC, where my brother-in-law served as a diplomat, and boarded a plane bound for the East Coast.

5. The Journey

In life, we are faced with numerous decisions, and there are moments when we must entrust them to a higher power. Often, we only need to make a single choice. Therefore, I sometimes contemplate life as a blend of choices and divine will. We frequently find ourselves at a crossroads, where a crucial decision determines the trajectory of our future. On occasion, I have made incorrect choices, acting impulsively under the pressure of circumstances and limitations. Many of my choices have been made without prior knowledge of the path I would embark on, resulting in a journey filled with challenges, but opportunities for exploration. Some of my life choices were predetermined, some were made in an instant, while others were carefully considered. Regardless of the choices made, I believe that the outcome is largely shaped by the process. I approached my decisions with serious considerations and gave my best effort.

The paths I took, such as leaving my hometown Baumeri due to my disdain for communism, the path of survival, the path of learning, the path of defending my country and honoring my oath, the path of immigration for the sake of my family, and the path of returning home after completing my duties and tasks in the United States—none of these paths evoke regret or shame. I have always lamented not being a better husband and father for my family, lacking the appropriate words to express my feelings.

I hold a deep affection for Frank Sinatra's song "My Way." Each line resonates within my heart whenever I listen to it.

"And now, the end is near
And so I face the final curtain
My friend, I'll say it clear
I'll state my case, of which I'm certain
I've lived a life that's full
I've traveled each and every highway
And more, much more than this
I did it my way
I planned each charted course
Each careful step along the byway
And more, much more than this
I did it my way"

The following in my version of this song:

As the conclusion of my story approaches, I write its final chapter.

I can honestly declare to you that I have led a fulfilling life, travelled numerous paths, cherishing the abundance that has been bestowed upon me. I have lived life on my own terms cherishing the abundance that has been bestowed upon me.

I have lived life on my own terms

Truly, I have lived with sincerity. Every day, I continue to journey forth, expressing gratitude for my choices, even if they differ from yesterday and today, and even if they will change tomorrow. I am eternally grateful for my choices because there exists a living God who is always by my side, overseeing the process and guiding me towards a favorable outcome.

6. The Wilderness Years

With the free will which is given to us by God, we can think and plan for anything. However, merely relying on our will and putting in effort do not guarantee that everything will come to fruition. People always carry hopes and wishes, which create excitement in their hearts and provide them with the energy to strive and have courage. However, life is not always smooth, filled with hopes and excitement. There are times when we encounter downhill slopes, uphill battles, flat plains, or even canyons. In those moments, cunning individuals often make promises to themselves. They live their lives making promises to themselves, to God, or to their friends and family. All these efforts are driven by their own free will, but ultimately, the response lies with God. Just as Proverbs 16:9 says, "In their hearts, humans plan their course, but the Lord establishes their steps." In the end, we can't do anything without God's response. Although I may have thought that I was in control of my own path in life, I cannot deny the fact that God is the one who ultimately fulfills it.

Just as God led Moses through the wilderness with pillars of fire and clouds, God has led me. The beginning of my life in the United States, where nothing was prepared, was another wilderness experience. The unexpected events I encountered upon arrival became significant lessons and training for me. God provided water from the rock, brought manna from the sky, and sent quails for me to eat. The pillars of fire and clouds not only served as to guide my way,

but also provided grace by shielding me from the scorching sun and the cold nights.

When I met my brother-in-law in Washington, I finally felt like I had arrived in America. He had graduated from the Naval Academy's 9th class, served for five years, and then went through the Foreign Service Exam to work at the Washington Embassy. After the bewildering encounter with an old friend's exaggeration upon arriving in LA, it was only after meeting my brother-in-law that I truly faced reality in US. At that time, I had two problems to solve. The first was applying for a green card, and the second was establishing a foundation for my livelihood. Looking back now, it's like a story of heading straight into the unknown. If my visa expired, I would become an illegal resident, and once I spent all my money without finding a job, I would become homeless.

I had to simultaneously figure out how to apply for a green card and find a job. One day I happened to visit a camera repair shop owned by an acquaintance of my brother-in-law.

The workload was piling up, but they were short on staff. As someone who had always enjoyed working with machines and taking photos, I became curious. I was so engrossed in observing the process that I thought to myself, "I want to give it a try." I asked the owner if I could dismantle a camera, repair it, and put it back together. Impressed with my work, he offered me a job. For the next few days, I helped with camera repairs.

During that time, I received a call from my brother-in-law's acquaintance in New York. They offered to help me apply for a green card through their company, so I had to quickly travel to New York. I had to stay in New York for the green card process and explore job opportunities there. With submission of the green card application and receiving the labor department's permission, the risk of illegal residency was temporarily avoided. Now, all I needed was a proper job that could generate income. What kind of job could a former Navy captain do in New York? There seemed to be no options. As time went on, my anxiety grew. In that moment of desperation, the idea of trying camera repair work, which I had briefly experienced, came to mind.

One morning, I went to get a haircut near the apartment I was living in, and I noticed red letters on the building saying, "For Rent." Coincidentally, the building belonged to the barber named

Frank. It had a storefront window facing the street. I decided to rent the space. I wrote "Camera Repair" on that window, and I became a camera repair technician. Thinking back, it was an unbelievable move. It wasn't like I had been trained to be a camera repair technician. I was having to try to figure out how to repair the cameras. I still can't believe I had the audacity to make such a move. It was a truly reckless decision, and the phrase "ignorance is bliss" comes to mind.

Typically, when a consumer's camera malfunctions, they would entrust the repair to the place of purchase. If it falls under the warranty or after-sales service, the consumer can have the camera repaired at no cost. However, if the issue is due to physical impact or mishandling by the consumer, they are responsible for the expenses. The problem, though, was that it took a considerable amount of time to receive the repaired camera or to even find out the estimated repair cost for the problem. This inconvenience existed, and it allowed my business to capitalize on addressing this gap by providing a solution that appealed to consumers. Initially, the only equipment I had was a $5 set of screwdrivers and a single electrical tester.

It seemed that the advantage of being able to repair cameras quickly in the neighborhood resonated with consumers. As the workload increased, I enhanced the machinery and equipment for repairs. Customers brought in various cameras. One day, a Leica camera came in for repair. The more expensive the camera, the more cautious I had to be in diagnosing and planning the repair process. I had to be mindful of the potential for liability if something went wrong. I spent two weeks pondering over that camera without even touching it, as the burden and concerns were so great that they even appeared in my dreams while I slept. Eventually, I calmly established the sequence for opening the camera and found that the issue was caused by small iron filings stuck between the gears. It was a surprisingly simple repair. When I informed the customer that the repair cost would be $75 instead of the estimated $100, he was thrilled. At that time, cameras were considered expensive luxury items, and it was common practice to have them repaired. In time as my own worries about whether work came in (what if I can't repair it) or not (no income) the demand for repairs increased significantly.

With the growth in expertise and the establishment of strong relationships with customers, I expanded my business and

began hiring staff. During this time, the U.S. Headquarter of the famous Japanese Canon camera company opened nearby, leading to a surge in sales and repair requests for

Canon cameras. Coincidentally, they were hosting a marketing seminar, and I attended with my store's business card. At the end of the event, during the reception, I approached a Japanese executive from that company, handed him my business card, and introduced myself in Japanese before returning home. A few days later, I received a call from the Canon camera company. They expressed their desire to outsource some of their repair works and seemed to find it more convenient to work with me, as I could communicate in Japanese. From that point on, for the next 20 years until my retirement, I maintained a strong business relationship and good credit with the Canon Company. And my life in the United States flourished as a result.

7. Reunion of Family

My immigration purpose was clear: my children's education. I wanted to give them the opportunity to study freely anywhere in the world. The process of obtaining permanent residency that I had applied for did not go smoothly. Following the system that prioritized refugees after the Vietnam War, my application for permanent residency was pushed back on the priority list. It was a time when I was busy with my business. As the reunion with my family kept getting delayed, I began to worry about the disruption it might cause to my children's education in Seoul. Nevertheless, I was grateful that my children were doing well and diligently studying English and preparing for admission to American universities.

In 1977, when permanent residency was finally granted, we began preparing for the reunion of our family. Our business was thriving, and the economic conditions allowed us to create a beautiful house where we could all live together. I eagerly awaited the day my children would come, with a happy heart, in a splendid house surrounded by a forest where birdsong woke me up in the morning.

In the spring of 1978, the reunion of our family took place. To accommodate our youngest child attending middle school, we bought a large house on a 1/3-acre property in the excellent school district of Westchester, New York. The moment we reunited as a family, we couldn't forget the deep emotion when we first offered a prayer of gratitude to God. The children had grown up well.

Years later, the youngest one went to college and started living in the dormitory, leaving only two of us to take care of the big house. The time that followed passed by like a dream. Our children studied what they wanted. They all got married and started their own families, and they all became valuable members of society. Since everything is a gift from God, there is nothing to boast about, only gratitude. They now enjoy their lives within this society with their families.

8. Grateful Retirement and Beyond

Amidst the emptiness of the large house, the two of us began to feel burdened. All the children were living across the Hudson River in New Jersey, leaving no reason for us to stay in Westchester. Coincidentally, the Canon Camera Company we had been dealing with for 20 years was relocating to Chicago.

To continue my business, I would have had to move my operations to Chicago. It seemed as if God had timed it perfectly, as I turned 65, the age of retirement and eligibility for social security benefits in the United States. In September 1994, I officially retired. We sold our house and received more than five times the value I had bought it for. Afterward, we moved to a place near New Jersey, where our children were living across the Hudson River. Memories of the time when I came to the United States with only $3,000 in my pocket flashed through my mind like a film reel. It was a deeply nostalgic moment.

"Look at the birds of the air; they do not sow or reap or store away in barns, and yet your heavenly Father feeds them. Are you not much more valuable than they?"

Regardless of whether it was snowing, raining, or windy, I would wake up at 3:30 in the morning and rush to church. I served in the early morning prayer committee. In the clear air of dawn and the songs of the birds, I was always grateful for the beautiful world that God had created. Starting the day with morning worship and prayer made me happy. Even now, I continue my daily devotion of sharing verses from the book of Proverbs at 4 o'clock in the morning through KakaoTalk, recalling those days.

After retirement, my wife and I moved to a place called New City, located between New Jersey and West Point. It was a townhouse that was simpler than a house. It had a backyard and a balcony where we could grow a small garden. It was a small complex with houses of similar structure. The complex had a swimming pool and well-maintained public facilities, making it a pleasant place for elderly people to live. It was conveniently close to our children's homes and the church, and when we drove down the beautiful Palisades Parkway, we would conveniently arrive at our son's house.

As we entered our old age, our children, who was concerned about us and wanted to be closer, convinced us to move to an apartment near the George Washington Bridge on the Hudson River. It was a place where we could easily meet our youngest daughter, who lived in Manhattan. We enjoyed frequent visits back and forth. However, one day, I received a health warning. I immediately called my son, and he called 911. An ambulance arrived, and I was transported to the hospital where I underwent open-heart surgery. I woke up again at the crossroads of life and death that I had encountered for the first time since coming to the United States. But I recovered well. However, my wife began to suffer from Parkinson's disease. Nevertheless, I continued to live a grateful life by attending the early morning prayer meetings. Then, one day, my wife stumbled and fell, fracturing her hip. She underwent surgery and received rehabilitation treatment at a nursing home. From that moment on, our lives as a couple entered a new phase. Due to frequent mistakes at the nursing home, we had several emergency situations that required hospitalization and treatment. During this process, my wife was found to have dementia.

At then my eldest daughter in Chungju Korea convinced us to move to Korea, where the medical environment for the elderly is better. As a result, we came to Chungju and settled in a nursing home there. Although my wife's symptoms of dementia improved significantly, an unexpected situation occurred when she broke her other hip joint due to a moment of carelessness. The hospital in Chungju, where our son-in-law was a professor at Konkuk University Hospital, refused to perform surgery due to my wife's poor health. However, my wife insisted that quality of life was more important and expressed her desire to have the surgery at a large hospital in Seoul, where patient autonomy was respected. The surgery was successful, but after celebrating the success of the surgery with our children in the United States during a phone call, my wife unexpectedly passed away in her sleep due to a blood clot.

I relocated to a senior village called "Yudang Village" in Suwon, and while living there alone, the function of my kidney deteriorated, leading me to move to Chungju, where my daughter and son-in-law, who is a medical doctor, live. It was a decision made after receiving a doctor's assessment that I would need dialysis.

Fortunately, a suitable place for me, Angel Silver Tel, was prepared right next to Chungju Medical Center. It was like an annex of the hospital, and there was no better environment than being so close to the hospital for an old man, where I could walk a few steps to the hospital even if dialysis became necessary. I also met excellent doctors at Chungju Medical Center, and I followed their advice. I have not needed dialysis so far.

The Lord has guided me to this point. I am now 94 years old. The city lights of Chungju, which begin to appear as the sun tilts, are beautiful. The lights of Manhattan that I saw from my apartment in New Jersey were the same, but the darkness makes the lights shine even brighter. In the midst of that radiance, the faces of my beloved wife and family come to mind.

I am grateful for everything. My long journey of life has been like a dark sea, but I am thankful for God's love, which became the light and lighthouse at each moment. I hope to spend the rest of my life serving the Lord.

9. The journey of walking with the Lord

The journey of walking with the Lord was not as easy as entering through a narrow gate. The temptations and desires of the world always surrounded me, and the wide gate that seemed easy to enter always beckoned me. Even the seemingly simple life in the military was not different. Wherever people gathered, different thoughts existed. Some people explained the reason why humans have two hands, two legs, two eyes, two ears, and two nostrils like this: it was for the balance of the body. When the left foot goes forward, the right foot supports from behind, and by using both eyes and ears, a sense of space is created. Our lives were the same in that sense. Life is about balance.

The only thing that brought balance to my life was the Word of God. To me, living a life of faith was about finding balance in life. I believed that while I couldn't do it, the Lord could. The belief that the Lord could do what I couldn't became a great faith for me, who was poor in both body and mind. I divided the process of faith that I learned throughout my life into two parts. The first process was faith centered around me. The beginning of my prayers always started with myself. "God who loves me, God who knows my needs, God who intercedes for me, Jehovah who has become my strength…" I often saw athletes gather and pray before a sports game. I sometimes wondered what they were praying for. If their prayer was to win the game, then that faith was centered around themselves. I was the same. I'm still stuck there. I always prayed to win in the game. But I didn't always win. Every time, I thought my prayers were lacking. However, I rarely thought that my prayers were wrong.

The second process of faith is a life of prayer where God is the center, not me. God always responded when we were in need. For a long time, I sought God's blessings, hoping to align my will with His will. Most of my prayers were like that. Now, I realize that I need to learn how to pray to align my hopes with His will, just as Jesus prayed in the Garden of Gethsemane, not according to our own will but according to the Father's will.

Even at the age of 94, my faith is still at the level of a young child. At times I am prideful that the accomplishments in my life were results of my own effort and faith, and not solely God's grace. It feels like I will continue to learn endlessly on this journey of walking with the Lord until the day He calls me. Despite this weak faith, I cannot help but love the God who loves me.

As I look back on the path I have taken so far, I suddenly remember a sermon by a certain pastor. It was about walking on new snow. One may have walked what he thought was a straight path, but when he looks back, his footsteps will be a crooked and twisted. What kind of footprints have I left behind? Like walking over a walkway covered with snow that piles up softly all night, I cautiously walked on that path. It was a path that I thought was the way, and I took it without any shame. But now, at the age of 94, as I look back on that path, I do feel a bit of shame.

Perhaps that's why I was so tense writing this recollection. I am living each day with gratitude to God, who, knowing all my shortcomings, always walks with me and helps me find balance on the path of my faith.

Family Photograph

가족 사진

The Met Cloisters Museum에서 (At the Met Cloisters Museum)

이 두 사람 사이에는 2대가 있고, 85년이라는 세월이 있다. 증조 할아버지는 증손자가 너무도 신비롭다. 손자를 안고 좋아 어찌할 바를 모르신다. 울지도 않고 증조 할아버지의 품에 편하게 있는 손자. 아버지의 얼굴조차 기억 못하시는 증조 할아버지는 만감이 교차한다. 삼팔선, 베트남 전쟁, 태평양 건너 미국으로, 수도 없이 보았고 거쳤던 생사 거취가 이 순간을 위한 과정이었다는 듯 눈시울이 젖어드신다. 진한 감사의 순간이다.

There is a long gap of 85 years between these two generations. The great-grandfather looks at his great-grandson and is filled with wonder. The great-grandfather's heart is filled with immense joy as he holds the newborn in his arms. The child is content in his great-grandfather's arms. The great-grandfather reminisces about his life. His eyes well up with emotion as he realizes that his journey has led him to this very moment, having witnessed the cycle of life and death — the scars of war left by the 38th parallel, the Korean War, the Vietnam War, and the arduous voyage across the Pacific to the United States. It's a profound moment filled with immense gratitude.

<아내의 젊은 날>

<필자와 아들이 설계한 아들 집>

<동갑인 두 분의 팔순 기념>

<신년 기념 사진, 뉴저지>

<두바이에 사는 손자 스데반>

<4대가 함께>

<충주에서 아내와 산책 중>

<장녀 혜영과 막내 딸 애리와 함께>

<큰 사위 장성훈 교수와 혜영, 외손자 가족 증손자들>

<해군사관학교 방문>

<충주호에서 큰딸 혜영과 아들 영진>

<뉴저지에서 온 둘째 딸 미영과 사위 한 장로>

<딸과 외손녀 장현주>

<외손자 장현 가족 충주 방문>

<시애틀에서 온 외증손자>

<외손자 데니 가족>

<뉴저지의 증손자와 증손녀>

<뉴욕에서 온 장손 바울 부부와 증손들>

<두바이에서 온 손자 스데반 부부와 함께>

<큰딸 부부와 외손자 장현 가족>

에필로그

　바우머리 소년의 삶은 아들인 나에게도 낯선 드라마였다. 처음 들어본 사실들, 살아오면서 산발적으로 들었던 많은 퍼즐 같은 키워드들을 짜맞추는 퍼즐 작업이 시작되었던 것이다. 무엇보다도 아버지의 이야기를 들으며 함께 집필하는 동안 아버지와의 유대감을 더욱 돈독히 할 수 있었다. 처음 느껴보는 행복한 시간이었다. 지난 몇 년 동안 아버지와 함께 여행을 하며 나누었던 대화들이 많은 도움이 되었다.

　아버지와의 대화 속에서 그 표면 아래에 숨어 있는 이야기까지 절실히 공감했다. 아버지의 목소리는 94세 노인에게 어울리는 절제와 자제력을 반영하듯 엄숙하면서도 차분한 어조였지만 가끔 떨리는 목소리에서 느낄 수 있는 감정의 울림은 그때의 상황을 더 실감할 수 있게 했다. 이것이 단순한 일련의 사건이 아니라 당시의 비극적인 시대 상황이 만들어낸 이념 전쟁의 한 토막이었다고 생각하니 안타까움에 마음이 숙연해졌다. 이야기는 사실에 입각하여 정확하고 긴박하게, 때로는 갑작스럽게 전개되었다. 아버지의 기억에서 나오는 심오한 감성과 정서적 깊이를 전달하기에는 나의 어휘력이 많이 부족했다. 하지만 아버지의 아들로서 나는 그 시절을 회상하며 그 상황을 함께 소환할 수 있는 기회를 소중하게 생각하면서 그동안 몰랐던 아버지의 또 다른 면모를 발견하는 시간이었다.

아버지에 대해 나는 많은 편견을 가지고 있었다. 나는 군대 생활을 오래하면 사람이 감정 없는 사람으로 바뀌는 줄 알았다. 군 생활은 딱딱하고 타협이 없고 명령과 복종의 체계 속에서만 지내는 생활이라고 느꼈기 때문이다. 이 책을 아버지와 함께 집필하는 동안 나의 질문에 자상하게 설명하실 때는 아버지의 소탈한 면을 느낄 수 있었고, 해수를 담수로 만드는 과정을 설명하실 때나 기계와 기관의 열역학과 유체 물리학을 설명하실 때의 격앙된 목소리는 94세의 아버지가 아니라 아직도 강단에 설 수 있을 정도의 해군 장교의 명철함을 느낄 수 있었다. 배운 대로 주장하다가 항명으로 군법 회의에서 청문회를 겪었을 때의 사건은 멋진 군인이 나오는 한 편의 드라마 같았다.

다행히 최근 몇 년 동안 아버지와 정기적으로 둘만의 여행을 하면서 아버지의 다른 면모를 배우며, 아버지의 삶에 대한 공감과 연민, 아버지가 가족을 사랑했던 방법들을 뒤늦게나마 알아가고 있다. 무엇보다 아버지가 아직 건강하실 때 이 책을 출판하게 되어 감사하다. 어머니가 살아 계실 때 이 책을 쓰지 못한 것이 후회되지만, 그래도 아버지에게 아들로서 하고 싶었던 일을 한 것을 보면 어머니도 하늘에서 기뻐하실 것 같다. 바우머리 소년의 이야기는 계속된다.

뉴저지에서 강영진

This is not the end.
New story has just begun.